poesía Hiperión , 482
CIEN POETAS, CIEN POEMAS
HYAKUNIN ISSHU

百人一首

CIEN POETAS, CIEN POEMAS

HYAKUNIN ISSHU

(Antología de poesía clásica japonesa)

Traducción, introducción y notas:

José María Bermejo y Teresa Herrero

Edición bilingüe ilustrada

Hiperión

poesía Hiperión
Colección dirigida por Jesús Munárriz
Diseño gráfico: Equipo 109

Primera edición: 2004 • Tercera impresión: 2016
© *Copyright* José María Bermejo & Teresa Herrero 2004
Derechos de edición reservados: EDICIONES HIPERIÓN, S. L.
Calle de Salustiano Olózaga, 14 • 28001 Madrid • Tfnos. 91 577 60 15 / 16
http://www.hiperion.com • correo: info@hiperion.com
ISBN: 978-84-7517-806-6 • Depósito legal: M-42341-2006
LiberDigital • Casarrubuelos • Madrid

Cualquier forma de reproducción, distribución, comunicación pública o transformación de esta obra sólo puede ser realizada con la autorización de sus titulares, salvo excepción prevista por la ley. Diríjase a CEDRO (Centro Español de Derechos Reprográficos, www.cedro.org) si necesita fotocopiar, escanear o hacer copias digitales de algún fragmento de esta obra.

IMPRESO EN ESPAÑA • UNIÓN EUROPEA

INTRODUCCIÓN

I La antología

Hyakushu uta —secuencia de cien poemas— es el título japonés de una serie de antologías integradas por cien poemas de cien poetas distintos, seleccionados por su calidad, originalidad o prestigio, aunque dentro siempre de los cánones clásicos. La tipología general responde a un poema de 31 sílabas (dispuestas en 5 versos de 5-7-5-7-7) llamado *waka*, que pasó a identificarse con el *tanka* ("poema corto"), en contraposición al *choka* ("poema largo"), de extensión indefinida. Aunque inicialmente, *waka* designaba cualquier tipo de poema japonés, largo o corto, —en oposición a los poemas chinos o *karauta*—, desde la época Heian (794-1185), *waka* se identifica con *tanka*, el poema japonés por antonomasia. En el año 951 se llegó a crear una "Oficina de la Poesía" y, a partir de ese momento, se instauraron los famosos concursos de poemas (*uta awase*) sobre un tema prefijado, regidos por un complicado ritual y valorados de acuerdo con criterios muy rígidos. Los poemas tenían que seguir los modelos tradicionales, consagrados en el *Kokinshû*, con descripciones estereotipadas que se apoyaban en imágenes recurrentes (el monte Yoshino, las olas del mar estrellándose contra las rocas, la niebla, etc.), alusivas al paso del tiempo, al cambio de las estaciones o al sentimiento amoroso.

De todas las antologías que recogen cien poemas de cien poetas, la más famosa y celebrada es la titulada *Ogura Hyakunin Isshu*, compuesta, en el siglo XIII —en el período de Kamakura— por el poeta Fujiwara Teika (1162-1241). De hecho, cuando se habla del *Hyakunin Isshu*, sin precisar más, se alude a esa certera recopilación, realizada en 1235, en la que están representados, con un solo poema, cien poetas, casi todos de la época Heian (794-1185), incluyendo un poema del propio antólogo. Se cree que un hijo de Teika, Fujiwara no Tameie, le ayudó a revisar la antología y sugirió la inclusión de los dos últimos poemas. (El nombre de *Ogura*, que precede al título, alude a un monte de Kioto donde Teika tenía una casa de campo en la que, al parecer, compuso la obra). Los 100 poemas, organizados en orden cronológico, representan a otros tantos poetas, desde el siglo VII hasta el siglo XIII. La objetividad, el buen gusto y la amplitud de criterio presiden esta compilación, cuya popularidad e influencia han llegado hasta nuestros días, sobre todo desde la época Edo, gracias a un juego de cartas, conocido como *uta karuta*, que consiste en adivinar los dos últimos versos de un *waka*, tras leer los tres primeros.

El *Hyakunin Isshu* no es una antología imperial, aunque todos los poemas incluidos proceden de ese tipo de compilaciones, ordenadas, en gran medida, para reivindicar el origen divino de la dinastía. En realidad, Teika —fino olfateador de la mejor poesía— espigó los poemas que más le gustaban, o los más representativos del género *waka*, y ese hecho le da un valor añadido. La antología sigue un orden de selección cronológica de los autores y, al mismo tiempo, mantiene el orden de aparición de las distintas antologías imperiales. En algún caso, Teika utiliza una versión posterior, con una leve variante. En el poema 2, por ejemplo, la versión primitiva, del *Manyôshû*, utiliza en el segundo verso la expresión *natsu kitarurashi*, que en la versión del *Shinkokinshû*, utilizada por Teika, se convierte en *natsu kinikerashi*. En el cuarto verso del mismo poema, la expresión *koromo hoshitari*, del *Manyôshû*, cambia, en el *Shinkokinshû*, por *koromo hoshu chô*.

Al pie de cada poema del *Hyakunin Isshu*, anotamos la procedencia de la antología a la que corresponde. La relación cronológica, hasta los tiempos de Tameie, hijo de Teika, es la siguiente: *Manyôshû* (hacia el 759); *Kokinshû* (905), *Gosenshû* (951), *Shûishû* (1005), *Goshûishû* (1078), *Kinyôshû* (1124-1127), *Shikashû* (1144), *Senzaishû* (1183), *Shinkokinshû* (1201), *Shinchokusenshû* (1235) y *Shokugosenshû* (1248).

II El antólogo

El compilador del *Hyakunin Isshu*, Fujiwara Sadaie, conocido también como Teika o Fujiwara Teika, nació en 1164, a finales de la era Heian, y murió en Kioto el 26 de septiembre de 1241. Su padre, Fujiwara Shunzei (1114-1204), fue también un poeta de reconocido prestigio y compiló la séptima Antología Imperial, conocida como *Senzaishû* ("Colección de Mil Años"). Teika fue un poeta refinado y original, que aportó a la tradición poética japonesa su ideal de "belleza sutil" (*yôen*), renovando el lenguaje tradicional de la poesía clásica y llevando a sus últimas consecuencias la consigna de su padre, Shunzei: "vieja dicción, nuevo tratamiento". En 1222, Teika escribía, dirigiéndose probablemente a un príncipe: "En la emoción, la novedad es lo principal: busca sentimientos que hayan cantado otros, y cántalos. En la dicción, utiliza lo antiguo: no retrocedas más allá de las Tres Antologías..." (*Kokinshû, Gosenshû* y *Shûishû*).

El joven emperador Gotoba (1180-1239), que tenía cierto talento poético, supo apreciar los poemas de Teika, que había participado, con 17 años, en una velada imperial de poesía, y le distinguió como uno de los compiladores de la octava Antología Imperial, encargada en 1201 y realizada hacia 1205 bajo el nombre de *Shinkokinshû* ("Nueva Colección de Tiempos Antiguos y Modernos"). En 1232, Teika fue designado para confeccionar, en solitario, la novena antología, aparecida en 1235, el mismo año que el *Hyakunin Isshu*, y titulada *Shinchokusenshû* ("Nueva Colección Imperial"), subrayando el ideal del *yûgen*, es decir, con la sugerencia, el misterio, el claroscuro y lo inacabado, algo que está suspendido entre la presencia y la ausencia", entre el decir y el no decir. (La propia palabra es muy reveladora, pues se compone de dos caracteres: *yû*, que significa "tenue", y *gen*, que significa "negro" u "oscuridad"). A los 40 años, Teika sufrió una profunda crisis personal que afectó también a sus ideales estéticos, cambiando la refinada complejidad del *yûgen* por un estilo más sencillo y directo: *ushin* ("convicción del sentimiento" o "sensibilidad"). Al final de su vida, Teika se concentró en la crítica, en la enseñanza y en la edición de libros de poesía. De hecho, las teorías literarias y las antologías de Teika llegaron a ser una especie de "canon" para varias generaciones de poetas de Corte, sobre todo *Eiga taigai* ("Esencias de la composición poética") (1216); *Shuka no daitai* ("Canon básico de los mejores poemas"); *Hyakunin Isshu* ("Cien poetas, cien poemas") (1235); *Kindai shuka* ("Los mejores poemas de nuestro tiempo") (1209), y *Maigetsusho* ("Notas mensuales") (1219). En *Kindai shuka* se recogen muchos de los poemas del *Hyakunin Isshu*. El diario escrito por Teika es una fuente preciosa para entender la vida aristocrática y los valores esenciales de la época Heian y del comienzo del período de Kamakura. En ese diario, hay también una referencia al origen del *Ogura Hyakunin Isshu*: el día 27 de la quinta luna del año dos de Buryaku (1235), Teika consigna que, a petición del suegro de su hijo mayor Tameie, y con destino a un biombo móvil, ha caligrafiado sobre una serie de *shikishi* (papel de 17 por 20 centímetros), un poema de cada uno de los mejores autores, desde el emperador Tenji hasta Ietaka y Masatsune.

En su novela *Lo bello y lo triste*, Yasunari Kawabata, Premio Nobel de Literatura 1968, rinde homenaje a Fujiwara Teika —al que denomina "máximo poeta y hombre de letras de la Edad Media"— y recoge algunos detalles relacionados con esta antología. Por ejemplo, que tenía una villa en el monte Ogura, denominada "Pabellón de la Lluvia Otoñal", aunque otras versiones hablan de la "Ermita apartada del odioso mundo". O que existe un arroyo del que, según dicen, extraía Teika el agua para su piedra de tinta, cuando trabajaba en el Hyakunin Isshu; un agua conocida poéticamente como "agua de sauce"...

III Los poetas

La selección del *Hyakunin Isshu* realizada por Teika se inscribe en una tradición que podemos rastrear en la literatura universal y, de manera más intensa o más precisa, en la literatura del Extremo Oriente, sobre todo en las antologías imperiales de China y de Japón que, como veremos más adelante, tienen que ver con una reivindicación del origen celeste de la transmisión dinástica. Ese rasgo se vislumbra también en el *Hyakunin Isshu*, que recoge algunos poemas escritos por emperadores o por poetas directamente relacionados con la Corte. El propio antólogo se incluye con un poema, el que corresponde al número 97, no sólo por su condición de poeta, sino también por su vinculación directa con la estirpe de los Fujiwara y, a través de ella, con la Corte imperial. En el conjunto abundan los lazos familiares: en el ámbito imperial, el emperador Yôzei (poema 13) y el príncipe Motoyoshi (poema 20) o los pares que abren y cierran la antología: el emperador Tenji (poema 1) y su hija la emperatriz Jitô (poema 2), y el emperador Gotoba (poema 99) y su hijo el emperador Juntoku (poema 100). Por otra parte, la escritora Sei Shônagon (poema 62) es hija de Kiyowara Motosuke (poema 42) y biznieta de Kiyowara no Fukayabu (poema 36), y llama también la atención la presencia de Murasaki Shikibu (poema 57) y de su hija Daini no Sanmi (poema 58), o la de Izumi Shikibu (poema 56) y su hija Koshikibu (poema 60), sin olvidar la reiteración de los Fujiwara, como Fujiwara no Tadamichi (poema 76), su hijo el monje Jien (poema 95) y su nieto Yoshitsune (poema 91), o Fujiwara no Akisuke (poema 79) y su hijo Kiyosuke (poema 84), entre otros.

A pesar del estilo convencional de muchos poemas, regidos por el artificio o por códigos estéticos muy estrictos, el buen gusto personal de Teika mantiene la calidad media y no olvida a poetas excepcionales, como Ono no Komachi (poema 9), Ariwara no Narihira (poema 17), Ise (poema 19), Sugawara no Michizane (poema 24), Ki no Tsurayuki (poema 35), Saigyô (poema 86) o a escritoras que compartieron fama y rivalidad en la corte de Heian, como Izumi Shikibu (poema 56), Murasaki Shikibu (poema 57) o Sei Shônagon (poema 62), protagonizando, en torno al siglo X, una temprana Edad de Oro de la literatura japonesa. De la mayoría de esos poetas hablaremos más adelante, por diferentes motivos.

Al poeta Ariwara no Narihira (823-880), protagonista legendario de los "Cantares de Ise" (*Ise Monogatari*), se le atribuyen algunos de los *waka* más célebres, como el que figura en esta antología, extraído del *Kokinshû*, pero queremos destacar, sobre todo, a la genial Ono no Komachi, una mujer bellísima que vivió a mediados del siglo IX y que encarna todo el refinamiento y toda la melancolía de la época Heian. El poeta Ki no Tsurayuki la incluyó entre los seis mejores poetas de *waka*, es decir, como uno de los "seis genios" (*rokkasen*) de la antología *Kokinshû*, que contiene 18 poemas suyos. Según la leyenda, Ono no Komachi, hija de un oficial, había nacido en la región de Akita y fue enviada a Kioto a la edad de 13 años. Allí destacó por su belleza y por su inteligencia, llegando a ser gran dama de la Corte, quizá sirviendo al emperador Nimmei, y fue requerida por numerosos pretendientes a los que rechazó. Se cree que al final de su vida regresó a su tierra natal, donde murió, sola, pobre e ignorada, aferrada al orgullo de su belleza juvenil, "viendo caer las largas lluvias", como dice en el maravilloso poema (n.º 9) que la representa en esta antología... Varios siglos después, Eishi, el artista más aristocrático de *ukiyo-e*, ilustró ese poema que aún nos sigue conmoviendo. Otro genio del grabado, Harunobu (1725-1770) recreó, en una bellísima "estampa de brocado" (*nishikie*) la figura legendaria de Ono no Komachi, que inspiró también algunas obras del teatro *nô*, cinco de las cuales son atribuidas a Kan'ami o a Zeami. La más conocida, *Sotoba Komachi*, de Kan'ami, narra una historia estremecedora que tiene como fondo la supuesta crueldad de Ono con sus enamorados y amantes: a uno de ellos, el capitán Shii no Shoso, conocido también como Fukakusa, le impuso como condición, para acceder a sus deseos, que pasara cien noches ante su puerta; pero el capitán, que había acudido fielmente a cada cita, murió la última noche... El triste final de Ono no Komachi, como una anciana pordiosera y vagabunda, parece marcado por ese amor frustrado, por esa historia absolutamente "romántica". Su poesía, intensa y emotiva, rica en metáforas e impregnada de un fuerte erotismo, es, tal vez, el mejor retrato de esa misteriosa mujer que, según la tradición, adoptó al final de su vida, en el templo de Onosan Myoshoji, en Hazako, el nombre budista de "Myosho".

Otra figura relevante, dentro de la antología, es la del emperador Sutoku (1119-1164), que provocó una rebelión que, finalmente, fracasó y le obligó a vivir exiliado en una isla. La historia de ese idealismo fracasado está sugerida con elegancia en el poema 77 del *Hyakunin Isshu*, un poema de exilio que utiliza una bella metáfora: la corriente de un río que, dividida momentáneamente por las rocas, acaba reuniéndose: metáfora que puede relacionarse no sólo con la esperanza de recuperar el poder perdido, sino también con la fuerza de un juramento de amor que, pese a los obstáculos, mantiene viva su potencialidad. El emperador Sutoku, muy aficionado a los poemas de estilo *waka*, fue el impulsor de dos antologías imperiales, y despertó la admiración de los poetas de su tiempo —entre ellos, Teika— por la entereza con que asumió su destino.

IV Estructura formal y recursos poéticos: *waka* y *tanka*

Inicialmente, la palabra *waka* designaba cualquier tipo de poema japonés, largo o corto, cultivado en la Corte desde el siglo VI y basado en la alternancia de versos de 5 y de 7 sílabas, pero, a partir de la era Heian, *waka* pasó a identificarse con el *tanka* (poema corto) de 31 sílabas, estructurado en 5 versos de 5, 7, 5, 7 y 7 sílabas. El *tanka* mantuvo su preeminencia absoluta hasta la eclosión del *haiku* en el siglo XVII, y puede ser considerado, incluso hoy, como el gran "río de la poesía japonesa". De hecho, la alternancia de versos de 5 y 7 sílabas que caracteriza al *tanka* se refleja, por extensión, en la modalidad del "poema largo" o *choka*, más apropiado para una poesía narrativa de largo aliento, y, por síntesis, en el *renga* —versos encadenados— y en el *haiku*, que reproduce literalmente los tres primeros versos del *tanka*. La poesía japonesa es, por esencia, silábica y excluye expresamente la rima, por considerarla demasiado fácil.

Todos los poemas del *Hyakunin Isshu* responden a la forma poética del *tanka*, consagrada ya en la temprana antología del *Manyôshû* que apareció en el siglo VIII (hacia el año 759). El *tanka* tiene dos partes bien definidas: en la poesía clásica, la primera comprende los tres primeros versos y, en general, propone un tema que se completa en los dos versos finales. Aunque normalmente lo escribe un solo poeta, esa estructura binaria explica también existencia de *tankas* escritos por dos poetas, a modo de juego, y explicará también la estructura del juego de cartas basado en la antología del *Hyakunin Isshu*. El *tanka* clásico, practicado exclusivamente en la Corte imperial, llegó a ser considerado como la forma más elevada de la poesía lírica: poesía exquisita, refinada, concentrada en los sentimientos más nobles —el amor, la soledad, la muerte— y sometida a un conjunto de reglas muy sofisticadas. Existe incluso una leyenda, según la cual el dios Susanoo habría escrito el primer *tanka* como primer poema del *Kojiki*, primera crónica sobre el Japón legendario, presentada al emperador en el año 712. Ese poema fundacional, concebido como una invocación a los dioses de Izumo, habría fijado la métrica exacta que se conocería más tarde como *uta* clásico, *waka* o *tanka*.

Durante la época Heian era casi obligado, entre la gente culta, componer un poema sobre cualquier acontecimiento de cierto relieve, que quedaba así consagrado; ese poema —generalmente un *tanka*— trataba de expresarlo, con elegancia y sutileza, eligiendo el papel y la tinta adecuada, y solía enviarse a alguien acompañado por algún detalle "poético" (una rama, una flor...), sobre todo entre amantes o amigos. En esta antología hay algún "poema de "la mañana siguiente" (*kinuginu uta*), enviado a través de un mensajero de confianza al amado o a la amada con quien se había pasado la noche y que, a su vez, enviaba otro como respuesta. En general, el *tanka* clásico es un poema cortesano, temático, contemplativo, imaginativo, emocional y refinado, que suele utilizar la Naturaleza como referente simbólico de los sentimientos humanos, mediante metáforas o comparaciones, a veces muy sutiles y elaboradas. La rígida codificación del vocabulario, las imágenes e incluso el repertorio, restan frescor a muchos *tankas* excesivamente convencionales, pero hay poetas —sobre todo, mujeres, como Ono no Komachi o Izumi Shikibu— capaces de imponer su inspiración y su genio.

Entre los recursos poéticos, destacan las *makurakotoba* (palabras-almohada), las *kakekotoba* (palabras-eje) y la repetición de sonidos o aliteración. Las palabras-almohada o *makurakotoba* son unos epítetos preestablecidos, que se reiteran en la poesía clásica japonesa, desde el *Manyôshû*, aunque, a diferencias de nuestras metáforas, no tienen un significado o un simbolismo claro. En el poema 2 de esta antología, por ejemplo, la palabra *shirotae*, que significa "blanca morera", sirve para enfatizar la blancura de las ropas puestas a solear. Esta técnica se siguió utilizando durante siglos, aunque se hubieran perdido los significados precisos, como recurso retórico o como homenaje a la poesía clásica. Las palabras-almohada suelen tener cinco sílabas y nunca exceden de una línea (cuando ocurre esto último, se denomina *jo* —prefacio— y se convierte en una introducción, más o menos metafórica, al tema principal del *waka*. En el poema 3, por ejemplo, la larga cola del faisán introduce el motivo de la larga noche.

Las palabras-eje o *kakekotoba* son palabras de doble significado, como la palabra *matsu*, que significa "pino" y "esperar" (poema 16), o la palabra *furu*, con el significado de "caer" [la lluvia, la nieve] o de "pasar el tiempo", "envejecer" (poemas 9 y 96). La aliteración, muy utilizada en la poesía japonesa, es notable en poemas como el n.° 58. Otro recurso, más gráfico, más visual, consiste en utilizar dos ideogramas que luego aparecen unidos en uno solo. En el último verso del poema 22, por ejemplo, la palabra *arashi*, "tempestad", está compuesta, en su origen chino, por los ideogramas "montaña" y "viento", que aparecen también en el verso anterior, aunque por separado: *yama-kaze* ("montaña-viento").

V *Mono no aware*: la estética de lo efímero

El ideal estético de la época Heian se resume en el concepto del *mono no aware*, que, literalmente, podría traducirse como "compasión por las cosas" (de *mono* —cosa, objeto— y *aware*

—compasión, sentimiento conmovido—), aunque se trata de algo mucho más rico e indefinible. La palabra clave, *aware*, es un sustantivo derivado del verbo *awaremu*, que significa "compadecer, sentir compasión, conmoverse". Antiguamente, indicaba alegría y sorpresa, pero fue derivado hacia una connotación melancólica. La expresión completa, *mono no aware*, sugiere una profunda inmersión en el alma de las cosas, la capacidad de vibrar con la Naturaleza, de sentir y de compartir la melancolía de su belleza efímera, que, en el fondo, es también la nuestra. En el fondo, la sensibilidad japonesa conecta —o, mejor dicho, confluye— con el "pathos" griego, que evoca el "fatum" latino, o con la célebre expresión de Virgilio: "Sunt lacrimae rerum et mentem mortalia tangunt" ("estas son las lágrimas de las cosas y la mortalidad le toca al corazón"). Sin embargo, *mono no aware* no implica nihilismo ni desesperación; es, más bien, un sentimiento de nostalgia o de serena melancolía, ligado a la compasión budista por la caducidad y la impermanencia de todo. El emblema de esa melancolía es la floración espléndida pero efímera del cerezo. *Mono no aware* es un estado de ánimo, pero en la época Heian se configura también como un ideal propuesto por la literatura: la inconstancia del amor, por ejemplo, implica sufrimiento, pero es, al mismo tiempo, una especie de gozo sublimado. Quizá por ese mismo, se valora una cierta imperfección, la belleza inacabada, lo que está en ciernes, más que su plenitud, pues esa plenitud, mucho más vulgar, apenas puede sostenerse y señala el principio de la decadencia...

La sensibilidad ante la impermanencia de las cosas se percibe como compasión y como nostalgia por la belleza que aparece y desaparece, por el amor que se va, por la vida misma que se diluye en la nada... Ese sentimiento se insinúa ya en el *Manyôshû* o "Colección de las diez mil hojas", primera compilación de poemas japoneses, terminada en el año 759, en el período de Nara, y se concreta, de manera bastante precisa, en el prólogo de Ki no Tsurayuki a la antología poética *Kokinshû*, reunida en el año 905 con 1.111 *waka* escritos en japonés (*kana*), al enumerar las circunstancias en las que los poetas se sienten inspirados:

"Cuando miran las flores del cerezo esparcidas en una mañana de primavera; cuando escuchan el caer de las hojas en una tarde de otoño; cuando suspiran sobre la nieve y sobre las olas que se reflejan, cada año que pasa, en sus espejos; cuando se sobrecogen al penetrar en las meditaciones acerca de la brevedad de sus vidas, viendo el rocío sobre la hierba o la espuma sobre el agua; o cuando ayer, todo orgullo y esplendor, caen de la fortuna a la desgracia, o cuando después de haber sido profundamente amados, se los olvida..."

En ese mismo prefacio, Tsurayuki reflexiona también sobre el sentido mismo de la poesía, subrayando la primacía del sentimiento y de la experiencia directa:

"La poesía japonesa tiene sus raíces en el corazón humano y florece en las incontables hojas de las palabras. Y al poseer los seres humanos intereses tan variados, es a través de la poesía que expresan las meditaciones de lo más profundo de su ser como si fueran visiones que aparecen ante sus ojos y con sonidos que penetran sus oídos. ¿Qué ser viviente, al escuchar a la curruca cantando sobre el follaje florido y a la rana en su agua fresca, es capaz de negarse a cantar? Es la poesía la que sin esforzarse mueve cielo y tierra, despierta los sentimientos de dioses y espíritus invisibles al ojo, suaviza las relaciones entre hombres y mujeres, calma los corazones de los combativos guerreros."

En la antología *Kokinshû* —primera de las 21 antologías imperiales— quedaron fijadas las normas de dicción poética y el canon literario de temas poéticos, centrado en la contemplación de las estaciones, en la conciencia del paso del tiempo y, sobre todo, en la incertidumbre y en la fragilidad del amor. Al tratarse de una antología imperial —y no de una compilación privada como el *Manyôshû*—, el *Kokinshû* constituye un reconocimiento oficial de la importancia de la poesía en lengua vernácula.

El *aware*, combinado con otros ideales de vida y de belleza, alcanza su expresión definitiva en la época Heian, sobre todo en el *Genji Monogatari* ("Historia del príncipe Genji"), de Murasaki Shikibu. En esa novela-río, obra maestra de la literatura mundial, la palabra *aware* se repite más de mil veces, pero es su espíritu el que impregna, de manera profunda, cada página y cada episodio. Así lo percibe el príncipe, cuando medita sobre la impermanencia de su propia vida: "el sonido de las campanas del templo de Heian proclama la fugacidad de todas las cosas..." En realidad, el concepto completo del *mono no aware* sería acuñado, en el siglo XVIII, por el escritor y filólogo Motoori Norinaga (1730-1801), que cifraría en él la esencia específica del carácter japonés, su peculiar manera de percibir la realidad y de relacionarse con ella, así como su reflejo en la creación literaria, que nos muestra "la parte más profunda del corazón humano": "Es a través de un trabajo de literatura como nosotros aprendemos cuales son los verdaderos sentimientos humanos, lo que es *mono no aware*". En el origen de esa sensibilidad está, por una parte, la concepción animista primitiva, concretada más tarde en el shintoísmo, que diviniza los elementos de la Naturaleza y los aborda desde el asombro y la gratitud, y, por otra, el pesimismo cósmico y la idea de compasión del budismo importado de China y adaptado a la mentalidad japonesa en una síntesis de opuestos. El budismo había comenzado a difundirse en Japón durante el período Nara, y cristalizó en la época Heián a través varias corrientes, como la Tierra Pura, *Tendai* o *Shingon*, una variante esotérica inspirada en las enseñanzas de Kukai (774-835). La convicción de Kukai que sólo aquello que tiene belleza revela la verdad del Buda contribuyó extraordinariamente al desarrollo de la expresión artística, no sólo en la pintura, la música y el gesto, sino también en la poesía y en la caligrafía cultivadas, sobre todo, en la Corte. El sustrato animista, preservado o intensificado por el shintoísmo, subraya la sacralidad de todos los elementos de la Naturaleza, renovados constantemente y contemplados con una alegría serena y, al mismo tiempo, con un espíritu de íntima comunión. La relación directa con las cosas, a través de una experiencia sensitiva, se expresa con el *aware* y también con un término, igualmente intraducible —*kokoro*—, relacionado con la palabra "corazón", aunque mucho más complejo, a caballo entre el pensamiento y el mundo de los sentidos, como observa Octavio Paz; algo así como "pensar o sentir con el corazón", experimentando la Naturaleza y la vida como algo hermoso, pero frágil, indeterminado, inacabado.

VI *Miyabi*: cortesía y refinamiento

La tristeza del *aware* es, por tanto, una tristeza contenida, que comprende y acepta la fragilidad y la fugacidad del amor o de la belleza; una sublimación de lo inevitable, o, si cabe decirlo, un delicioso sobresalto. "El espíritu del *aware* —escribe Hisamatsu Senichi— se manifiesta en los sentimientos que inspira una resplandeciente mañana de primavera, pero también en la tristeza que oprime el corazón en una tarde de otoño. En cualquier caso, su significado primario es una delicada melancolía, que puede derivar en un verdadero sufrimiento..." Esos matices se explican o se refuerzan con otro concepto clásico de la Corte de Heian, *miyabi* —elegancia, refinamiento, cortesía— como signo de distinción de la clase alta con respecto al pueblo, y está perfectamente ejemplificado en el *Genji Monogatari*, escrito a principios del siglo XI. El exponente máximo del *miyabi* es el príncipe Genji, tal como lo recrea la gran escritora Murasaki Shikibu, prototipo de la belleza, la elegancia, la cultura, las maneras refinadas y los sentimientos nobles. Hijo del emperador y de una concubina, el príncipe Genji encarna todas las perfecciones: es guapo, inteligente, seductor, refinado; domina la poesía, la música, el baile, la pintura y el juego de pelota, pero domina, sobre todo, el arte de amar; es, en suma, un "príncipe resplandeciente", con un toque de melancolía que lo hace aún más atractivo y que se acentúa cuando es exiliado en Suma y Akashi. Genji vive dolorosamente sus aventuras amorosas y los reveses del destino, subrayando el valor de cada instante y poniendo de relieve el sentido de la fugacidad de la belleza, del amor y de la vida misma, insustancial como un sueño —de acuerdo con las ideas budistas—, y, por eso mismo, irrepetible y preciosa.

En definitiva, *aware* y *miyabi*, armoniosamente fundidos, constituyen un ideal estético de arte y de vida en la sociedad aristocrática de Heian. La conciencia y la sensibilidad ante la caducidad de las cosas se matizan con una elegancia serena que se apoya en la simplicidad (*makoto*), pero que tiene como fondo vital la diversión elegante (*furyû*).

VII El espíritu de la época Heian

La época Heian (794-1185) es conocida como la época de máximo esplendor cultural en la historia de Japón. Las dos corrientes del período Nara —la tradición autóctona, popular y privada, y la tradición importada de China, oficial y culta— empezaron a interaccionar y a fecundarse, dando lugar a una espléndida síntesis que marcaría, hasta hoy mismo, la esencia de la cultura japonesa. La época Heian comenzó el año 794, cuando la Corte imperial, regida por el emperador Kanmu, se instaló en Heian-kyô ("ciudad de la paz y la tranquilidad"), en la actual Kioto, sobre una vasta planicie rodeada de suaves montañas y abierta al sur, entre los ríos Kamo y Katsura. La planta cuadrada de la nueva capital era una copia de Chang'an, la capital de la dinastía china Tang. Aunque la nueva capital imperial mantendría su rango hasta 1868, cuando el joven emperador Meiji decidió trasladar la Corte a Tokio, la época Heian comprende los cuatro siglos dominados por la poderosa familia de los Fujiwara, que, al dirigir la política real como regentes, tíos, suegros o abuelos maternos de los emperadores, imponían a las mujeres de su clan como emperatrices, esposas secundarias y damas de honor. Esa estrategia situó a las mujeres en el centro de las envidias y de las intrigas, pero, al estar cerca del poder, aunque sin ejercerlo realmente, les permitió conocerlo y analizarlo con todo detalle en diarios y relatos de gran penetración psicológica y delicadeza estilística, como *Makura no Sôshi* ("El libro de la almohada"), de Sei Shônagon, o el *Genji Monogatari* ("Historias de Genji"), de Musaraki Shikibu.

La corte de Heian, obsesionada todavía por el modelo chino, fue creando, poco a poco, un vigoroso germen de autoafirmación nacional, que cuajaría en torno al año 1000, bajo el dominio de Fujiwara no Michinaga, sobre todo en el ámbito de la lengua y de la literatura, aunque abarcó también otros ámbitos, como la arquitectura residencial y el diseño de jardines, la pintura sobre rollos de papel, y, en la vertiente religiosa, las corrientes budistas de *Tendai, Shingon* y la Tierra Pura. El proceso se vio favorecido por un largo período de paz, aunque no podemos ignorar que, más allá de la corte, el pueblo seguía sumido en la miseria y en la pobreza. La revolución cortesana fue, sobre todo, estética: más que las virtudes guerreras o la capacidad administrativa —delegada en funcionarios subalternos—, se valoraba el refinamiento, la elegancia, el protocolo, el amor a la música, a la caligrafía y a la poesía, en un contexto de ocio (el juego de go entra en la corte en esa época) y de diversión galante. Un mínimo error en el buen gusto podía arruinar la reputación (se cuenta que la propia Sei Shônagon fue castigada por utilizar una expresión vanidosa —*kurashi ni kanekeru*, "haber sido difícil de soportar"— que ofendió a la emperatriz Sadako). El refinamiento se aplicaba a todo: a la indumentaria, al aspecto físico, a la caligrafía, a la habilidad artística. Las emociones se expresaban de manera indirecta, y las relaciones de amor se insinuaban a través de un perfume, un poema sutil o ingenioso, la combinación de colores de una manga, una caligrafía primorosa, en la que se valoraban detalles como el color o el tipo de papel, sus dobleces, la presentación y la gradación de la tinta. Las mujeres de la corte elegían cuidadosamente los colores de los doce sucesivos vestidos de seda que constituían su atuendo, y dedicaban muchas horas a combinar aromas, a cuidar sus largas trenzas negras o la cascada del cabello embadurnado y partido al medio, a emblanquecer sus rostros o a oscurecer sus dientes, en un mundo de amores fugaces y relativamente abiertos, donde la seducción se medía más por criterios estéticos que por códigos morales.

En esa élite de varios centenares de nobles, damas de palacio y miembros de la familia imperial, se produjo uno de los fenómenos literarios más intensos e interesantes: la creación, por parte de las mujeres, de las obras maestras de la literatura japonesa. Los hombres cultos se dedicaban a leer a los clásicos chinos o a escribir textos eruditos y poemas convencionales en chino, la lengua de la burocracia y de la cultura. Las mujeres, que no tenían acceso al aprendizaje de la lengua china, se veían obligadas a escribir en el idioma japonés simplificado en la escritura fonética, sobre todo en la modalidad del *hiragana*, un silabario japonés de uso exclusivamente femenino; tanto que esa modalidad fue conocida como escritura "de mano de mujer" (*onnade*), aunque la compartían con los hombres en el epistolario amoroso. Como subraya Amalia Sato, "el *hiragana*, escrito con la suelta caligrafía *sôsho* de líneas suaves, se adecuaba a las sutilezas psicológicas, rompiendo con partículas la rigidez del cuadrado ideograma". Esa escritura, más sencilla, surgida de la evolución del ideograma chino pero mucho más rica en ambigüedades expresivas o semánticas, facilitaba la expresión de los sentimientos, y fue así como las damas de la Corte fueron dotando al japonés de una dignidad sin igual, tanto en prosa como en verso. Recogidas en la crisálida cortesana, detrás de las puertas corredizas y de los biombos, las mujeres se dedicaban al amor y a la literatura. Su posición —como ha señalado Ivan Morris— era una curiosa mezcla de impotencia política, independencia o semidependencia económica y completa subordinación. Aunque escribían poemas, cartas y relatos "novelados", el género literario favorito era el diario (*nikki*). Las mujeres, escondidas generalmente bajo un seudónimo ("*Shônagon*" o "*Shikibu*" eran funciones o rangos cortesanos), podían expresar en él sus sentimientos más íntimos y sus agudas observaciones, a veces mordaces, sobre la vida y las intrigas de la Corte. Tan femenino se consideraba ese género, que Ki no Tsurayuki, uno de los escasos hombres que se atrevió a escribir un diario, el *Tosa Nikki*, escondió su verdadera identidad, haciéndose pasar por mujer. En el *Makura no Sôshi* ("Libro de la almohada"), Sei Shônagon —dotada de una perspicacia excepcional para captar y expresar las sensaciones más sutiles— divaga deliciosamente sobre "cosas agradables" y "cosas desagradables", sobre el placer de cruzar un río en una noche de luna resplandeciente viendo brillar los guijarros del fondo, o sobre lo importante que es que un amante sepa despedirse...

En general, la literatura femenina —tanto en prosa como en verso— revela un penetrante sentido de la realidad, una percepción sensitiva del paso del tiempo (*aware*) y una serena aceptación de la impermanencia, derivada del budismo, aunque la libertad con que se expresan les permite criticar, a menudo, tanto los defectos de sus rivales, como la situación social en la que viven, el abuso de los matrimonios de conveniencia, Incluso cuando escribían *waka*, evitaban los estereotipos para bucear en los propios sentimientos y en el misterio de la psicología humana, de una manera directa e intensa. El tema de las relaciones amorosas aparece obsesivamente, debido a la práctica de la poligamia, que dejaba a la mujer en una situación de incertidumbre —material y emocional— en sus relaciones con el hombre.

VIII La exaltación del "divino emperador"

Aunque el *Hyakunin Isshu* no es, propiamente, una antología imperial, en algunos poemas se percibe, claramente, la intención de afirmar o de reivindicar el origen divino del emperador y la transmisión invariable de una legitimidad que procedería directamente de la diosa solar shintoísta Amaterasu.

Inspirándose en el modelo del confucianismo chino, el príncipe Shôtoku inspiró, a finales del siglo VI y principios del VII, una especie de "constitución" para los ministros con 17 artículos. El artículo 3.º dice textualmente: "Cumplid escrupulosamente las órdenes imperiales. El señor es el Cielo. El vasallo es la Tierra. El Cielo se extiende. La Tierra ha de ser su soporte". El propio Shôtoku provocó la ira del emperador chino al enviarle saludos "de parte del Hijo del Cielo", y se autoproclamó Soberano Celestial (*tenshi* o *tenno*, o, según la pronunciación honorífica japonesa, *sumera* o *mikoto*). Como "hijo del Cielo" y "soberano celestial", el emperador japonés ejercía, como su equivalente chino, un mandato divino, con la importante diferencia de que ese mandato no era transferible —como en China—, sino inviolable e irrevocable, debido a su divina ascendencia. El emperador podía delegar el poder temporal —y, de hecho, así ocurrió en amplios períodos de la historia japonesa—, pero su linaje sagrado era indiscutible. Unas de las funciones esenciales del emperador era el culto a los dioses o *kami* del shintoísmo y la celebración de determinados ritos, como la siembra de primavera y la cosecha de otoño. En definitiva, como señala Ivan Morris en su estudio sobre la vida cortesana en la época del príncipe Genji, "el papel del soberano consistía en dar una sanción formal y religiosa a las decisiones tomadas en su nombre".

El *Hyakunin Isshu* refleja, directa o indirectamente, la importancia de la legitimidad o de la transmisión imperial, y algunos de los ritos tradicionales, en los poemas 1, 2, 12, 24, 26, 61, 68, 77, 99 y 100. Como ya hemos recordado, entre los poetas antologados por Teika, figuran el emperador Tenji y la emperatriz Jitô, que abren la antología, y otros emperadores, como Yôzei, Kôkô, Sanjô y Sutoku, o los emperadores Gotoba y Juntoku, que, no por azar, cierran la recopilación.

La conciencia nacional del origen divino de los emperadores japoneses se mantuvo prácticamente intacta hasta 1946, cuando, tras la derrota de Japón en la Segunda Guerra Mundial, el emperador Hirohito renunció a su ascendencia divina.

IX La fortuna del *Hyakunin Isshu*

La popularidad y la influencia del *Hyakunin Isshu* han sido inmensas. En opinión de Donald Keene, los poemas de esta antología han constituido "el conocimiento básico de la poesía japonesa para la mayoría de la gente desde el temprano período Tokugawa [iniciado en 1600] hasta fechas muy recientes... Esto significa, en un sentido real, que Teika fue el árbitro del gusto poético de la mayor parte de los japoneses hasta una época tan tardía como el siglo XX".

La influencia del *Hyakunin Isshu* se extendió sobre todo a través de un juego de cartas basado en la antología y denominado *uta karuta* ("cartas de los poemas"), que se juega especialmente en el Año Nuevo, entre dos o varios jugadores, y que requiere cultura, memoria, habilidad y elegancia. El juego fue introducido a principios del siglo XVII, medio siglo después de que los portugueses introdujeran en Japón los naipes occidentales (en concreto, la baraja española de 48 cartas). De hecho, la palabra *karuta* es una versión japonesa del vocablo portugués "carta". En el *uta karuta* se utilizan dos series de 100 cartas cada una. En la primera serie están impresos los 100 poemas completos con sus cinco versos —un poema por carta—, y, en la otra serie, sólo los dos últimos versos (*shimonoku*) de cada poema. Los naipes de la primera serie —llamados *yomifuda* o "cartas de lectura"— incluyen, en la parte de abajo, la figura del autor del poema, masculino o femenino, con la vestimenta tradicional, y, en la parte de arriba, un *tanka* completo. Los naipes de la segunda serie —*torifuda* o "cartas de toma"— no llevan ilustración alguna, y en ellos figuran en letra más grande, los dos últimos versos del *tanka*. Cada partida se juega entre dos o más personas; cada uno de los jugadores recibe 50 de estas últimas cartas (25, si los jugadores son cuatro).

Para jugar, los adversarios colocan las "cartas de toma" frente a sí. Después, una tercera persona, que actúa como árbitro, toma una "carta de lectura" y comienza a recitar los tres primeros versos de un *tanka* (*kaminoku*). Los jugadores deben reconocer el poema y coger, antes que su adversario, la carta que lo completa. Gana el que consigue completar el mayor número de cartas y lleva ventaja el que se sabe de memoria los 100 *tanka* del *Ogura Hyakunin Isshu*. Hacia finales de la Época Edo, ese juego, era una de las diversiones favoritas de las mujeres nobles y mantenía unas reglas rígidas de conducta y de buenas maneras, pero, a finales del siglo XIX, ya en la Época Meiji, se hizo más popular y entrañaba una cierta sensualidad, pues solía jugarse entre personas de distinto sexo, elegantemente vestidas.

Antes de que se introdujese el *uta karuta*, los nobles de la alta sociedad practicaban un juego parecidos (el *uta awase*, "combinación de poemas"), utilizando conchas marinas en las que estaban caligrafiados los *tanka*. En una de las conchas estaba escrita la mitad del poema, y en una segunda, los versos restantes.

La importancia cultural y social del *uta karuta* es incuestionable. Durante varios siglos, los japoneses han aprendido a leer y a escribir con los *tanka* del *Ogura Hyakunin Isshu*; es decir, se han familiarizado con lo mejor de su poesía clásica, gracias al talento y al gusto exquisito de Fujiwara Teika. Podríamos afirmar, sin temor a equivocarnos, que ninguna antología poética ha tenido jamás tanta y tan larga fortuna.
Al margen del éxito popular, la valoración crítica del *Hyakunin Isshu* ha sido ambigua. Algunos consideran esta antología como un valioso compendio de la poesía clásica japonesa, pero critican el convencionalismo de muchos de los poemas; otros reconocen que en esta antología, sin duda desigual, figuran algunos de los mejores.

X La traducción

Para esta primera traducción al español del *Hyakunin Isshu* —que incluye el texto japonés de cada poema—, nos hemos basado en la edición de Suzuki Hideo, Yamaguchi Shinichi y Yoda Yasushi, *Genshoku Ogura Hyakunin Isshu* (Tokio: Buneido Ed., 1997), adaptación de este clásico al japonés contemporáneo. En la traducción de los *tanka*, hemos eludido la métrica original —que, en este caso, suponía forzar de manera artificiosa el sentido de los poemas—, buscando, ante todo, su espíritu, su aroma y su belleza, dentro de las pautas rítmicas y expresivas que nos ofrecía la hermosa lengua española, teniendo en cuenta la ambigüedad semántica de numerosas expresiones o palabras del original japonés.
    En la romanización de los poemas —escritura *romaji*, como se conoce en japonés—, se ha utilizado el sistema Hepburn. No obstante, las caligrafías de las ilustraciones corresponden a la escritura original de la época. Los lectores que tengan un conocimiento mayor de la lengua japonesa

pueden ver que la escritura antigua no coincide, en algunos casos, con la escritura contemporánea. Por ejemplo, las vocales "*u*", "*i*", "*e*" aparecen en versión clásica como "*fu*", "*hi*", "*he*", y "*au*" pasa a ser "*ou*" ("*o*" larga u "*ô*"), como en el poema 62, en que aparece la palabra *Ôsaka*, escrita originalmente como *Ausaka* o *Afusaka*. Hay incluso algunas palabras que cambiaron la pronunciación de sus sílabas en su totalidad, como *kyô* (hoy) y *chô* (mariposa), que aparecen, en los poemas 41, 54 y 61, como *kefu* y *tefu*.

Respecto a los nombres de los poetas, hemos preferido utilizar la nomenclatura japonesa. En primer lugar, el nombre de familia o clan, seguido, en algunos casos, de la partícula *no* (que sería nuestro "de"), y a continuación el nombre propio, como Fujiwara no Teika. Muchos de los nombres de los autores se refieren al rango que ocupaban en la corte, pero, en general, hemos preferido dar prioridad a los nombres generales, dejando para las notas biográficas el cargo o rango específico, salvo en algunos casos, como Fujiwara no Tadahira (poema 26) y Fujiwara no Koretada, más conocidos como príncipe Teishin y príncipe Kentoku, respectivamente.

La pronunciación de las vocales es la misma que en español, excepto la "*u*", que es casi muda, sobre todo al final de las palabras. "*Ge*" y "*gi*" se pronuncian en la variante suave de "*gue*", "*gui*". La "*j*" también es suave, como en francés. La "*sh*" equivale a la "*ch*" francesa, y la "*h*" se aspira, como en inglés. La letra "*r*" representa también el sonido de la "*l*", y la "*ô*" y la "*û*" equivalen a la "*o*" y a la "*u*" largas.

Las ilustraciones pertenecen a una edición de la antología de finales de la época Edo (1600-1868), *Imayô Hyakunin Isshu Atsumanishiki* (Ed. Eirakuya Tôshiro). Esa edición se inscribe en un género de libros destinados exclusivamente a la enseñanza de las cortesanas, aunque más tarde tuvieron también una gran difusión popular. En este caso, el libro recoge, además de los poemas del *Hyakunin Isshu*, otros poemas de los 36 "genios poéticos" (*sanjurokkasen*) de la literatura clásica japonesa, y algunas explicaciones sobre el *Genji Monogatari*. Los textos literarios están acompañados de textos educativos elaborados por la escuela Ogasawara Ryu, famosa en la época. Desde el principio se pueden encontrar normas de protocolo (como la manera de servir la comida, el *sake* o el té, y el vocabulario apropiado para las cortesanas); de ética (normas sobre el luto, enseñanzas budistas, etc.), así como leyendas, dibujos explicativos sobre instrumentos musicales como el *shamisen* y el *koto*, instrucciones sobre la manera correcta de vestir, ejemplos de papiroflexia (no sólo para doblar las cartas, sino también para confeccionar en papel fundas para el maquillaje, el peine, los hilos y otros utensilios femeninos), ejemplos de caligrafía, patrones de costura, nomenclaturas de diferentes tipos de conchas, y diseños de incensarios que ilustraban, en las ediciones antiguas del *Genji Monogatari*, los diferentes pasajes y las imágenes de sus protagonistas.

Finalmente, queremos expresar nuestra gratitud a las siguientes personas: a los profesores Igami Tetsuji, Arai Kenji, Florentino Rodao y Federico Lanzaco, y a las profesoras Mizoguchi Kazuko y Kumae Koshizen. Valoramos de manera especial la ayuda de Masuko Natsumi, en la difícil tarea de la traducción del japonés, el apoyo constante de Yamaguchi Kenichi y la gentileza del hispanista Hayashiya Eikichi, ex-embajador de Japón en España, por revisar nuestro trabajo.

José María Bermejo y Teresa Herrero

CIEN POETAS, CIEN POEMAS

HYAKUNIN ISSHU

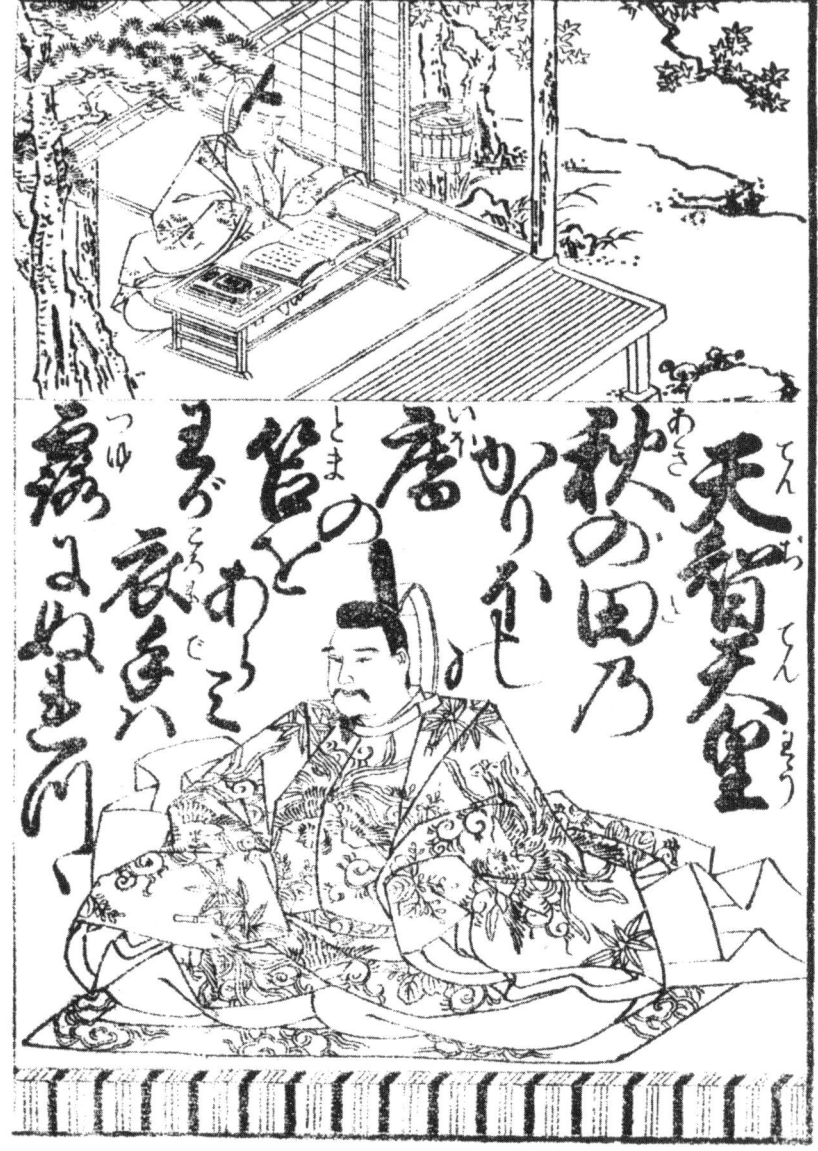

天智天皇

秋の田の
かりほの
庵の
苫をあらみ
わが衣手は
露にぬれつつ

1

EMPERADOR TENJI
(626-671)

aki no ta no
kariho no io no
toma wo arami
waga koromode wa
tsuyu ni nuretsutsu

campos de otoño
la choza, humilde choza,
con su techo de paja,
y mis mangas mojándose,
noche tras noche, de rocío

(Otoño, *Gosenshû*)

Kakekotoba: *kariho* ("cabaña provisional" y "espigas"). La expresión "mangas mojadas", muy frecuente en la poesía clásica japonesa, simboliza las lágrimas.

```
百人一首讀曲
春スケの
秘歌式筆

○百人一首。ひやくにんしゆ
もやくのよゆどびくふん
しもとにもれてよむなり
○天智天皇てんぢ天皇
とゆぞりそよむどー
○持統天皇ぢざうーと二
字をりふにでれべー
○山辺赤人やまべとよむ
べー
○喜撰法師きせんー
```

持統天皇

春すぎて夏
きたる
白妙の
衣ほしてふ
あまの
かぐ山

2
EMPERATRIZ JITÔ
(645-702)

haru sugite
natsu kinikerashi
shirotae no
koromo hoshu chô
ama no kaguyama

se fue la primavera
y ha llegado el verano:
¡mira las blancas ropas
de seda soleándose
sobre el celeste Kagu!

(Verano, *Shinkokinshû*)

Makurakotoba: shirotae ("blanco"). Las ropas tendidas al sol simbolizan la llegada del verano. Hay una costumbre japonesa, conocida como mushiboshi, que consiste en colgar las ropas al sol para protegerlas de algunos insectos como las polillas.

○丸いつでもまろと、む
ほそくよむべー
　ろー
○陽成院。やうぜいゐん
　とよむ。文やうぜんゐんや
　とむ。文やうもあり
○文室。ぶんやとすくく
　よむべー。文屋は俗字。
○在原氏のことなかしこ
　とむより
○壬生忠岑。氏のとえま
　そくよみれとときぬ濁る

柿本人麿

あしひきの
やまどりのをの
しだりをの
ながながしよを
ひとりかもねむ

3
KAKINOMOTO NO HITOMARO
(finales s. VII-principios s. VIII)

ashibiki no
yamadori no o no
shidario no
naganagashi yo wo
hitori kamo nemu

larga, larga es la cola
del faisán de montaña
que se curva como una rama...
en esta larga, larga noche
¿deberé dormir solo?

(Amor, *Shûishû*)

Makurakotoba: ashibiki ("montaña"). En este poema se utiliza la metáfora de la larga cola del faisán. Cuenta una leyenda que el yamadori, un tipo de faisán monógamo, abandona de noche a su pareja, después de pasar el día junto a ella.

○坂上さるのへとよむべー
ばれうさゑーむべーぢゃ
○深蕎父。ふろで娘とへ候
ぞ。ふろふとよむかり
○文宝胡康どりやとと候
へよゆどとわさやもとく候
あり
○赤深。わるぞあとふで氏
べー
○きやうきゃん紡るぎ糸うそゑと酒
るべー

山邊赤人
田子れ海うちいでく
そしば
白か
ぬじろの
きろ／＼
雲はふりはく

やまべのあかひと

4

YAMABE NO AKAHITO
(646-794)

tago no ura ni
uchiidete mireba
shirotae no
fuji no takane ni
yuki wa furitsutsu

saliendo hacia la playa
de Tago, alzo los ojos:
¡qué blanco el monte Fuji
que se ha ido coronando
con la nieve que cae incesantemente!

(Invierno, *Shinkokinshû*)

○権中納言とごんぢうなごん
とにどれべー
○崇徳院すとくいん
べーすとくをよまむ
狄ぞ問狄もきなり伊け
そんとんもべーぢのあきん
と潰べー
だー
○美の香久山びのかぐやま
○ひろやまねんよとひろく
やをほけてよむべー
○全老すもぞくほどふれ

猿丸大夫

奥山に
もみぢ
ふみわけ
なく鹿の
こゑきくときぞ
秋はかなしき

5
SARUMARU DAYÛ
(finales del s. VIII–principios del s. IX)

okuyama ni
momiji fumiwake
naku shika no
koe kiku toki zo
aki wa kanashiki

en las hondas montañas,
pisando la hojarasca encendida,
brama el errante ciervo:
cuando escucho su grito solitario,
oh, qué triste, qué triste, me parece el otoño

(Otoño, *Kokinshû*)

てのじ小ろぐべー
○ほくく孫ての字すむべー
○あやたけの月代まられ
れいづるを入すむぞくれ
とゆるべー
○月されぐらふ枕すむぞくれ
とゆるべー
○人志れどぐそたりひそる
ーかのますえ演べー
○くふ雑と言ひのほく
いくつとよむべー
○あそろまえてしゃくる

中納言家持

かさゝぎの
わたせる
けふ
におく
志ろきを
みれバ
よぞふけ
ぬぞける

6
OTOMO NO YAKAMOCHI
(718-785)

kasasagi no
wataseru hashi ni
oku shimo no
shiroki wo mireba
yo zo fukenikeru

cuando miro la escarcha
sobre el puente trazado por el vuelo
de las picazas, sé
que la noche se ha hecho
más y más honda

(Invierno, *Shinkokinshû*)

La leyenda de Tanabata, de origen chino, narra el amor imposible entre Shokujô, la Dama Tejedora (Vega), y Kengyu, el Boyero (Altair), separados por la Vía Láctea. Los dioses, compadecidos, les conceden reunirse una vez al año: la noche del séptimo día del séptimo mes del calendario lunar. Las picazas tienden un puente con sus alas para que el Boyero pueda cruzar la Vía Láctea y reunirse con su amada.

一 文字上へ付くとりやう
よむべし
○たき川やとふきりそよむ
べし
○あさいうすいそきそよむ
べしあさひうすいそよ候
むなくに
五ケ乃秘傳として
一巫撰奉人麿
わ家のとりは庵のきぎりす
あくへ世世へろへろ
二共在撰注肝

安倍仲麿
天のもら
ふりさけ
みれば
かすがの
みかさの山
いでし月かも

7

ABE NO NAKAMARO
(698-770)

ama no hara
furisake mireba
kasuga naru
mikasa no yama ni
ideshi tsuki kamo

alzo los ojos y contemplo
la llanura del cielo,
y la luna es la misma que ahora asoma
sobre el monte Mikasa
en las lejanas tierras de Kasuga

(Viaje, *Kokinshû*)

Nakamaro compuso este poema al acabar la fiesta de despedida en Mingzhou (China), recordando la luna de su tierra natal.

わが庵は都のたつみしかぞすむ
世をうぢ山と人はいふなり

三十六 安倍仲麿
あまの原ふりさけ見れば春日なる
三笠の山に出でし月かも

四十 壬生忠岑
有明のつれなく見えしわかれより
あかつきばかりうきものはなし

其五 權中納言玄家
思ひわびさても命はあるものを
うきにたへぬは涙なりけり

三十六歌僊之圖

喜撰法師
わが庵は
都の
たつみ
しかぞすむ
世をうぢ山と
人はいふなり

8
MONJE KISEN
(mitad del s. IX)

waga io wa
miyako no tatsumi
shika zo sumu
yo wo ujiyama to
hito wa iu nari

retirada, al sureste
de la ciudad, está mi humilde choza,
y llaman Uji al lugar en que vivo,
es decir, "La Colina
de la Melancolía"

(Miscelánea, *Kokinshû*)

Kakekotoba: *uji* (el monte Uji, que se encuentra al este de Kioto, y "tristeza", "miseria"). El término *tatsumi* se refiere al sureste, por su representación en el horóscopo chino *(tatsu* significa "dragón", y *mi*, "serpiente").

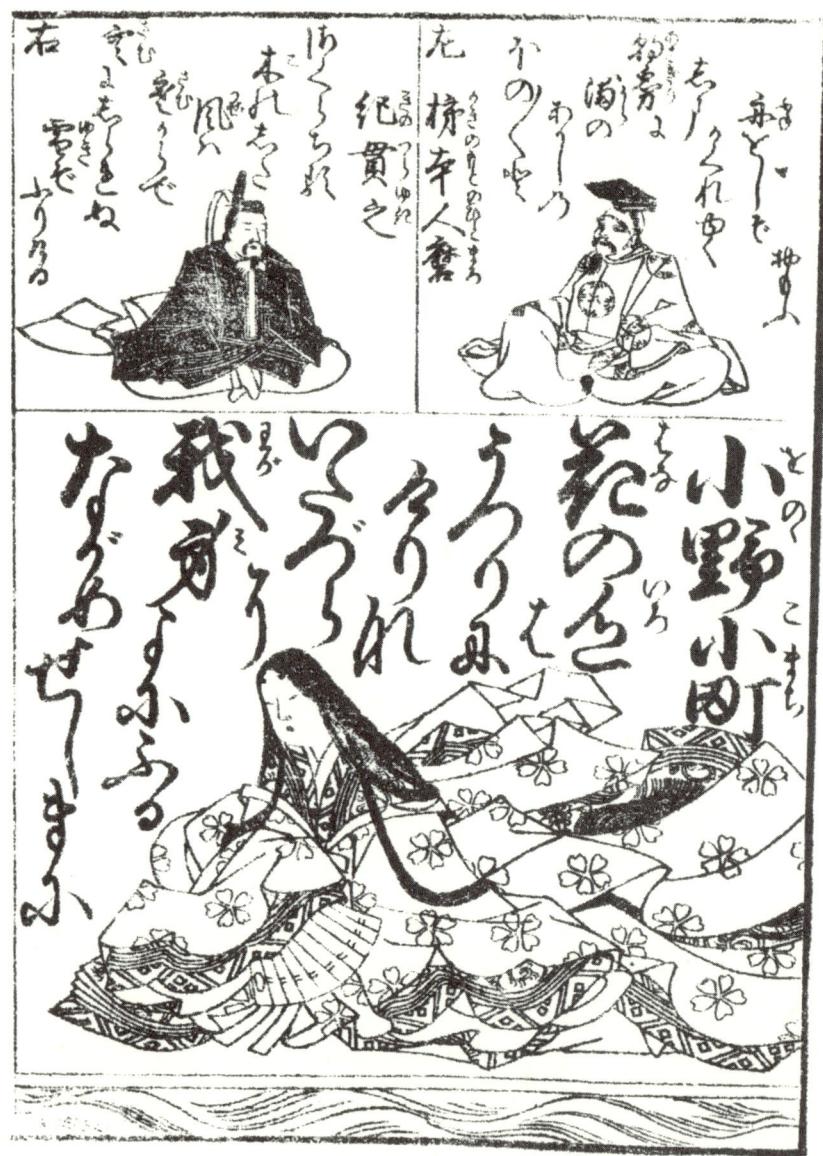

9
ONO NO KOMACHI
(segunda mitad del s. IX)

hana no iro wa
utsurinikeri na
itazura ni
waga mi yo ni furu
nagame seshi ma ni

          el color de las flores
          se va desvaneciendo:
          así pasa mi vida, vanamente,
          envuelta en tristes pensamientos,
          viendo caer las largas lluvias

(Primavera, *Kokinshû*)

Kakekotobas: furu ("caer" [la lluvia] y "pasar el tiempo", envejecer"); *nagame*, abreviatura de *nagai ame* ("largas lluvias" y "contemplar pensativamente"). Las flores del cerezo aluden a la legendaria belleza de Ono no Komachi; en la cultura japonesa simbolizan, por excelencia, la belleza de lo efímero.

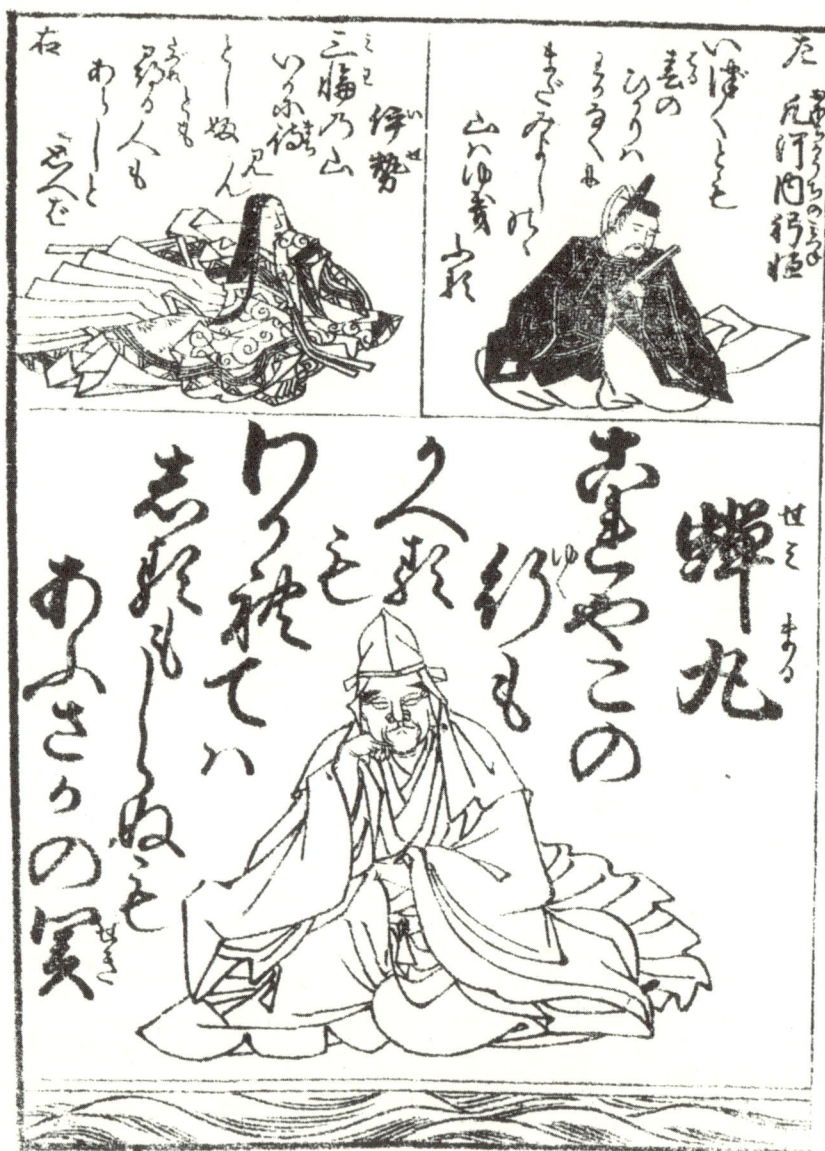

10

SEMIMARU
(segunda mitad del s. IX)

kore ya kono
yuku mo kaeru mo
wakarete wa
shiru mo shiranu mo
ôsaka no seki

yendo o viniendo,
conocidos o extraños,
todos acaban encontrándose aquí,
Colina del Encuentro
en el paso de Ôsaka

(Miscelánea, *Gosenshû*)

Kakekotoba: *ausaka* (Ôsaka); en japonés, el verbo *au* significa "encontrarse", pero es también el nombre de la montaña.

11

ONO NO TAKAMURA
(802-852)

wata no hara
yasoshima kakete
kogiidenu to
hito ni wa tsuge yo
ama no tsuribune

        hacia las ochenta islas
        del vasto, vasto océano
        me voy bogando;
        barca del pescador,
        ve a decírselo a ella

(Viaje, *Kokinshû*)

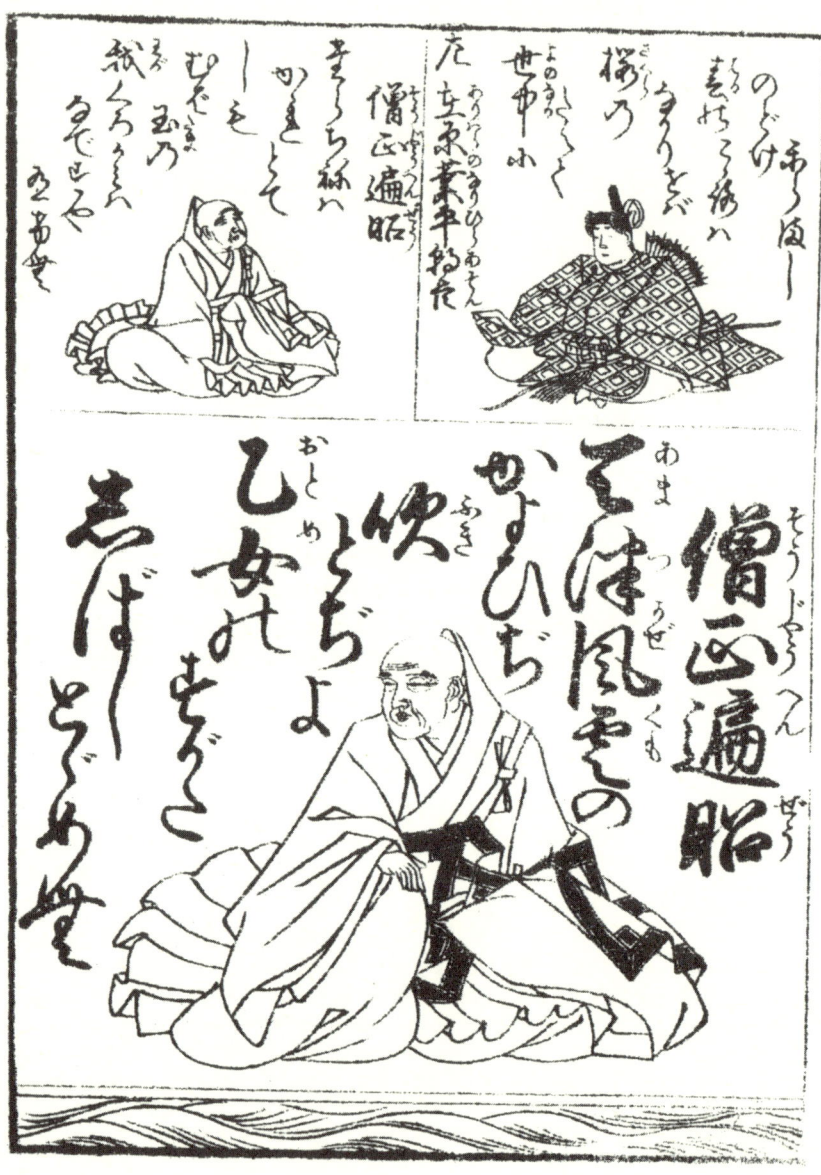

僧正遍昭

天つ風雲の
かよひぢ
吹とぢよ
乙女の姿
しばしとゞめむ

12

MONJE HENJÔ
(816-890)

amatsukaze
kumo no kayoiji
fukitoji yo
otome no sugata
shibashi todomemu

¡oh viento celestial,
cierra el camino entre las nubes,
para que pueda contemplar, un poco más,
las formas virginales
de esas celestes bailarinas!

(Miscelánea, *Kokinshû*)

Poema compuesto durante la celebración de la danza nocturna *gosechi*, interpretada por cuatro o cinco doncellas de la corte para festejar la cosecha anual del undécimo mes del calendario lunar. El poeta evoca una leyenda, según la cual el emperador Temmu, de excursión en el monte Yoshino, se puso a tocar una noche el *koto*, apareciendo en ese momento unas doncellas celestiales que se pusieron a bailar.

たゞみねの
よみ人しらず
猿丸大夫

みやまにぞ
もみぢふみわけ
なくしかの
こゑきくときぞ
あきはかなしき

紀友則

夕ざれば
かどたのいなば
おとづれて
あしのまろやに
あきかぜぞふく

右

陽成院

つくばねの
みねよりおつる
みなの川
こひぞつもりて
淵となりぬる

13

EMPERADOR RETIRADO YÔZEI
(868-949)

tsukubane no
mine yori otsuru
minanogawa
koi zo tsumorite
fuchi to narinuru

    la rápida corriente
    que se precipitó desde la cima del Tsukuba
    es ahora el tranquilo y ancho Mina,
    así creció mi amor, hasta llegar a ser
    un estanque profundo

(Amor, *Gosenshû*)

El monte Tsukuba aparece frecuentemente en los poemas de amor, por dos razones: por un lado, el verbo *tsuku* tiene el significado de "calar hondo", y, por otro, la cima de ese monte está dividida en dos partes, conocidas como *Nantai* (el hombre), al oeste, y *Jotai* (la mujer), al este. La lectura de los caracteres chinos de Mina representaba el concepto de "poca agua"; la de los caracteres japoneses, en cambio, representa a un hombre y a una mujer.

河原左大臣

みちのくの
しのぶもぢずり
誰ゆゑに
みだれそめにし
我ならなくに

14

MINAMOTO NO TORÛ
(822-895)

michinoku no
shinobu mojizuri
tare yue ni
midare somenishi
ware naranaku ni

igual que un estampado de helechos
a la manera de Shinobu,
si no es por ti, ¿por quién
se ha vuelto tan confuso
mi corazón?

(Amor, *Kokinshû*)

Kakekotoba: *shinobu* ("helecho", planta que se utiliza para teñir, y "amor escondido" (*shinobu koi*). La palabra *somenishi* tiene también doble significado: "teñir" y "comenzar algo que no tiene vuelta atrás".

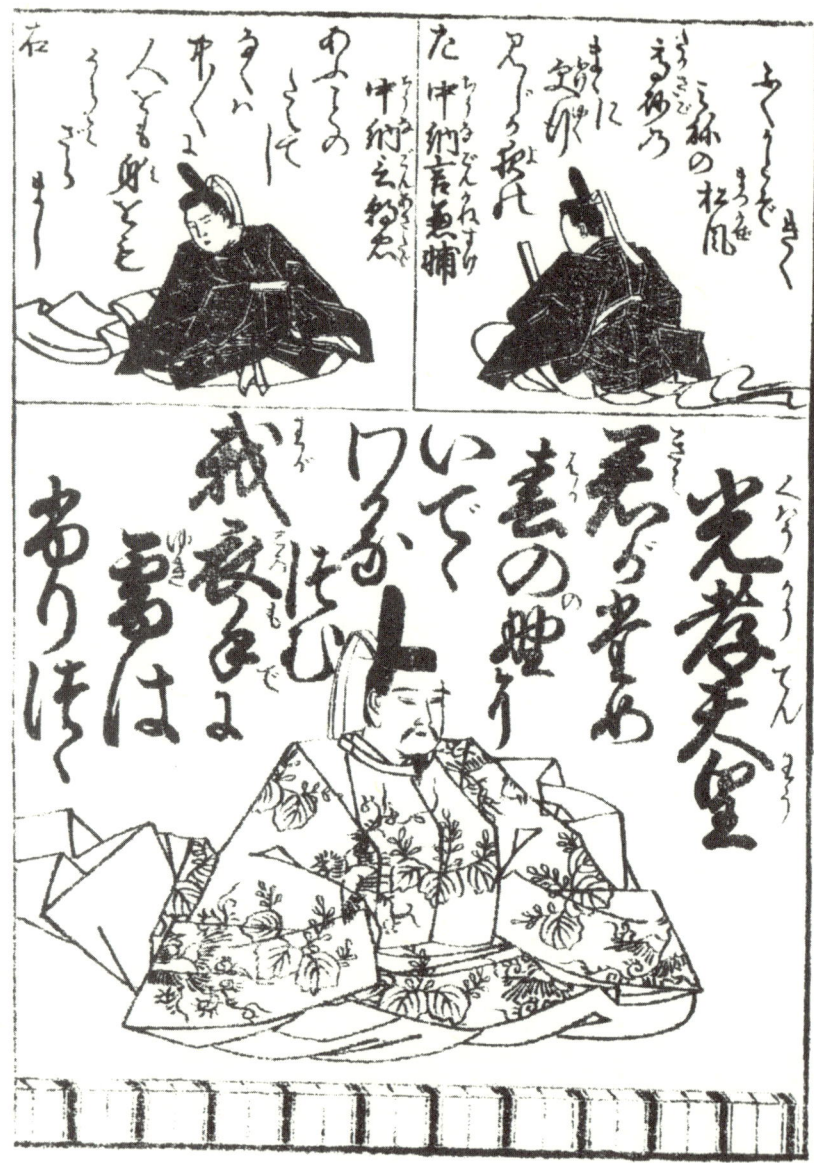

15

EMPERADOR KÔKÔ
(830-887)

kimi ga tame
haru no no ni idete
wakana tsumu
waga koromode ni
yuki wa furitsutsu

cuando por ti, mi dueño,
cogía verdes hierbas
por los campos primaverales,
aún caía la nieve
sobre las mangas de mi kimono

(Primavera, *Kokinshû)*

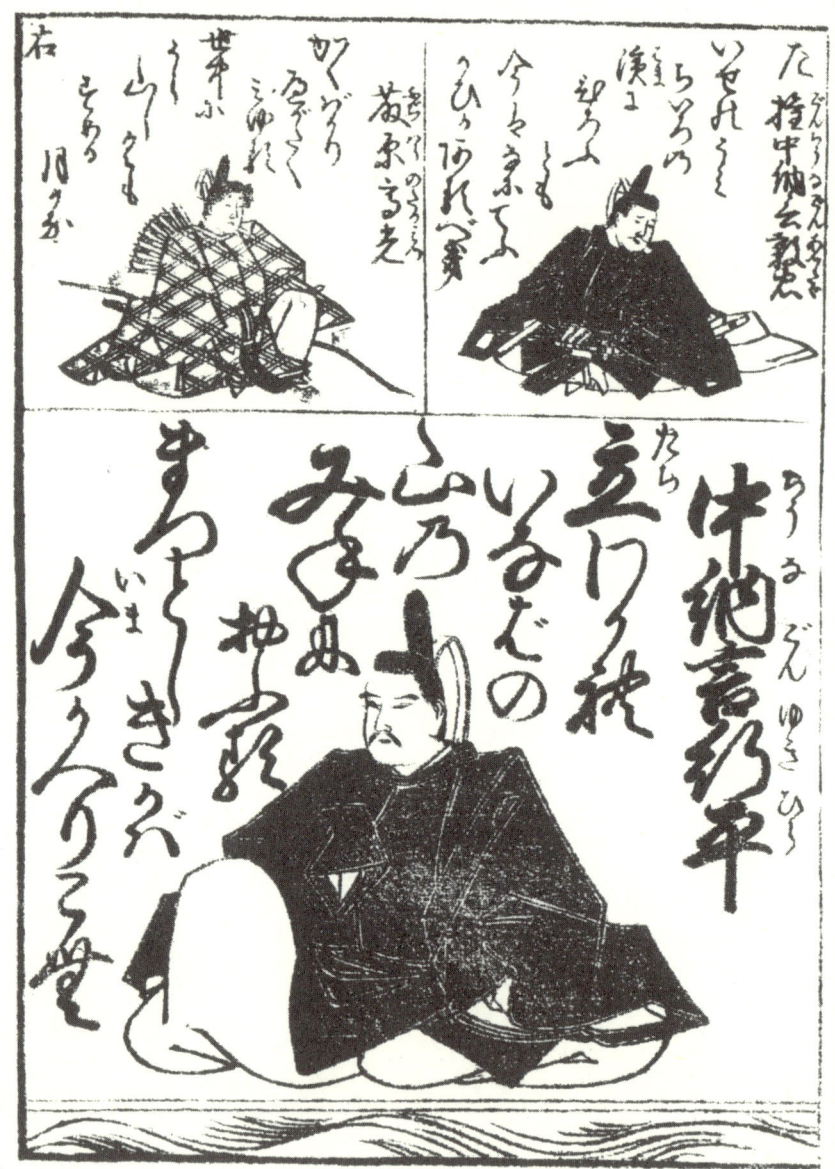

16

ARIWARA NO YUKIHIRA
(818-893)

tachiwakare
inaba no yama no
mine ni ouru
matsu to shi kikaba
ima kaerikomu

nos dijimos adiós,
pero si yo escuchase el rumor de los pinos
sobre la cima del Inaba,
sé que inmediatamente
volvería a tu lado

(Partida, *Kokinshû*)

Kakekotobas: *inaba* (nombre de la montaña y "si me voy"); *matsu* ("pino" y "esperar"). Se cuenta que el poeta, exiliado en Suma, mantuvo relaciones amorosas con dos pescadoras –*Matsukaze* (Viento de los Pinos) y *Murasame* (Lluvia Menuda). Al ser indultado, el poeta partió hacia su nuevo destino de funcionario, y ambas esperaron en vano que éste volviera a visitarlas. Esta historia inspiró la pieza teatral *nôh* conocida como *Matsukaze*.

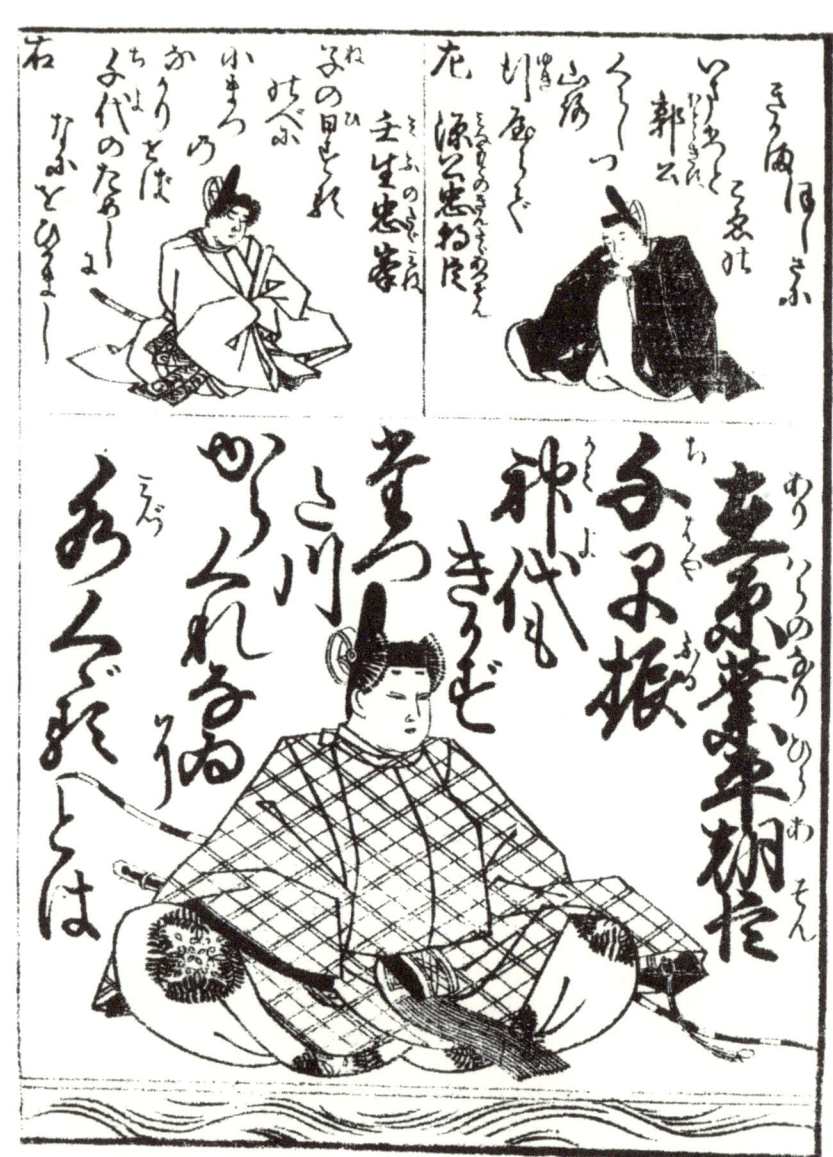

17

ARIWARA NO NARIHIRA
(825-880)

chihayaburu
kamiyo mo kikazu
tatsutagawa
kara kurenai ni
mizu kukuru to wa

jamás se oyó decir
que en tiempo de los dioses
el agua enrojeciera con tan viva belleza:
las hojas otoñales
en la corriente del Tatsuta

(Otoño, *Kokinshû*)

Makurakotoba: *chihayaburu*, época mitológica antigua de Japón. Los ideogramas o *kanjis* son los siguientes: *chi* ("viento"), *haya* ("veloz", "fuerte") y *buru* ("época"). Como es sabido, las antiguas deidades japonesas se representaban por medio de fuerzas naturales.

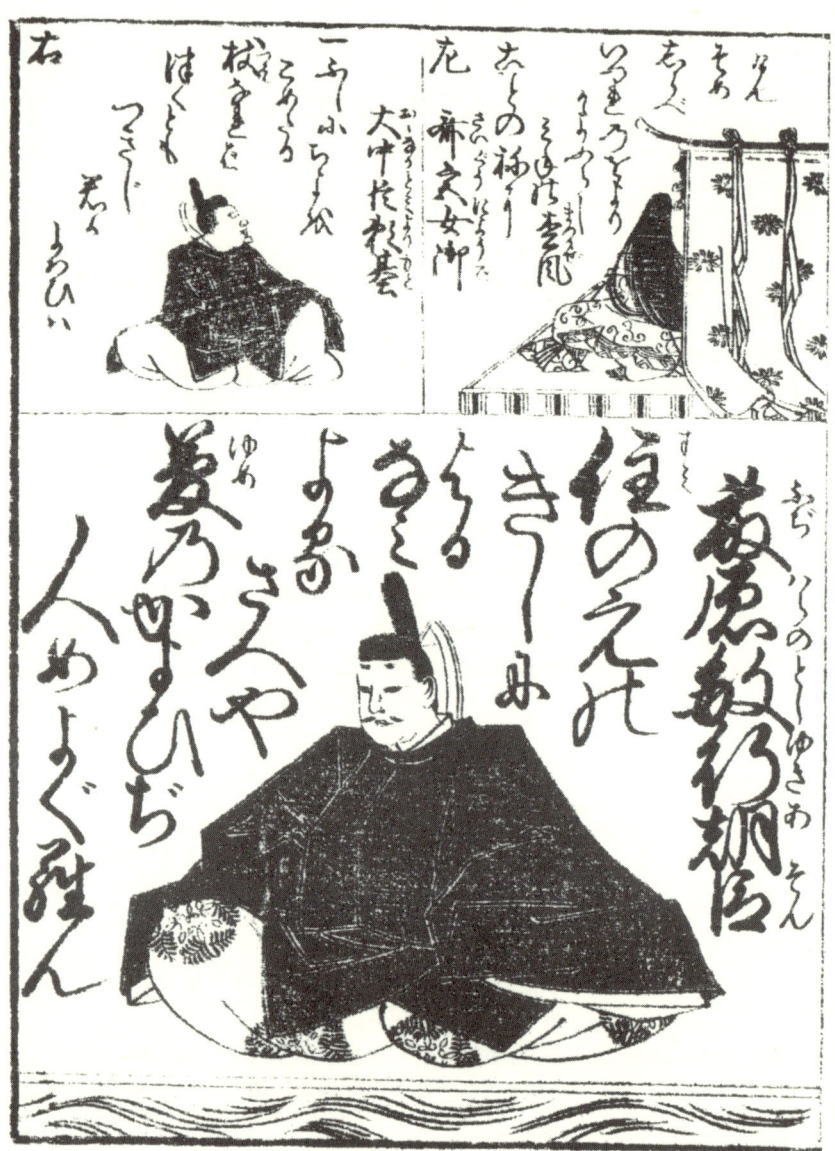

18

FUJIWARA NO TOSHIYUKI
(m. 907)

suminoe no
kishi ni yoru nami
yoru sae ya
yume no kajoiji
hitome yokuramu

¿podrías evitar
los ojos que te espían sin descanso
en el camino de los sueños
como esas olas que se acercan de noche
a la playa de Suminoe?

(Amor, *Kokinshû*)

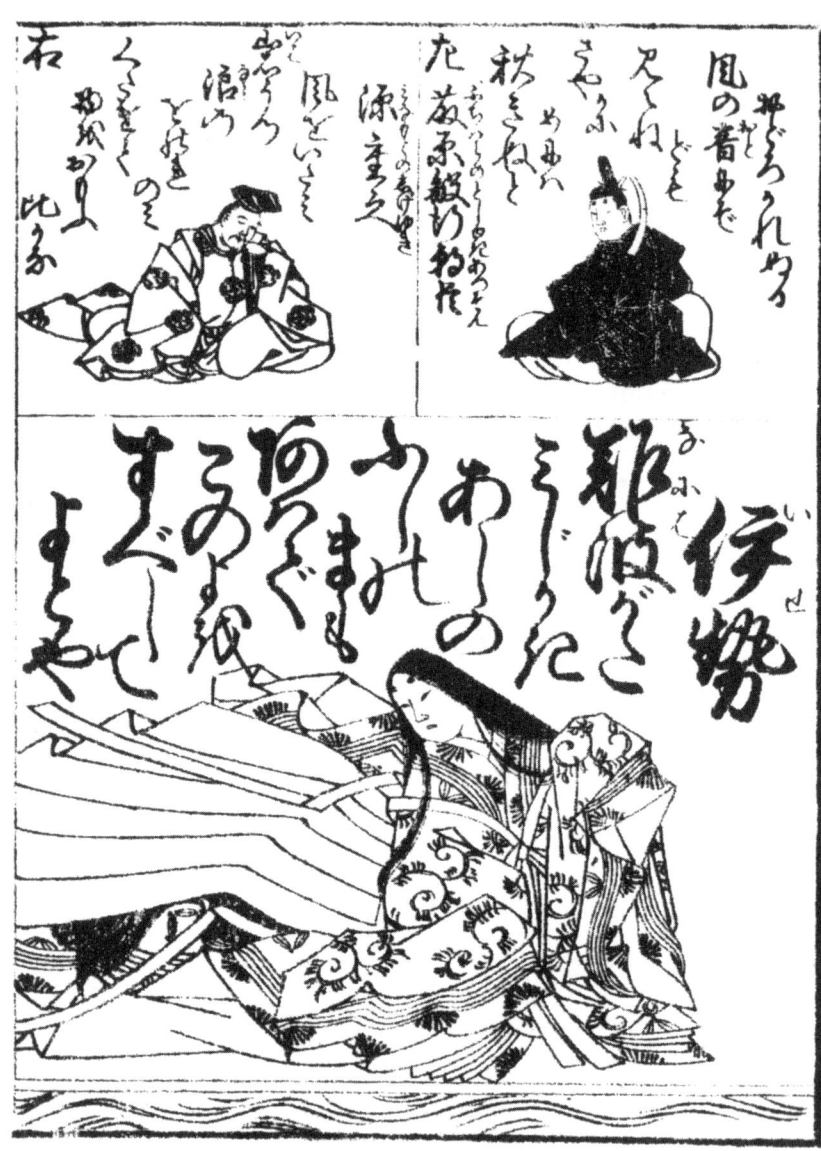

ISE
(hacia 877?-938)

naniwagata
mijikaki ashi no
fushi no ma mo
awade kono yo wo
sugushiteyo to ya

aunque fuera un instante
corto como el espacio entre los nudos
de un bambú de Naniwa,
¿no deberíamos vernos?
¿es eso lo que quieres decirme?

(Amor, *Shinkokinshû*)

Kakekotoba: *yo* ("vida" y "distancia que separa los nudos" del bambú).

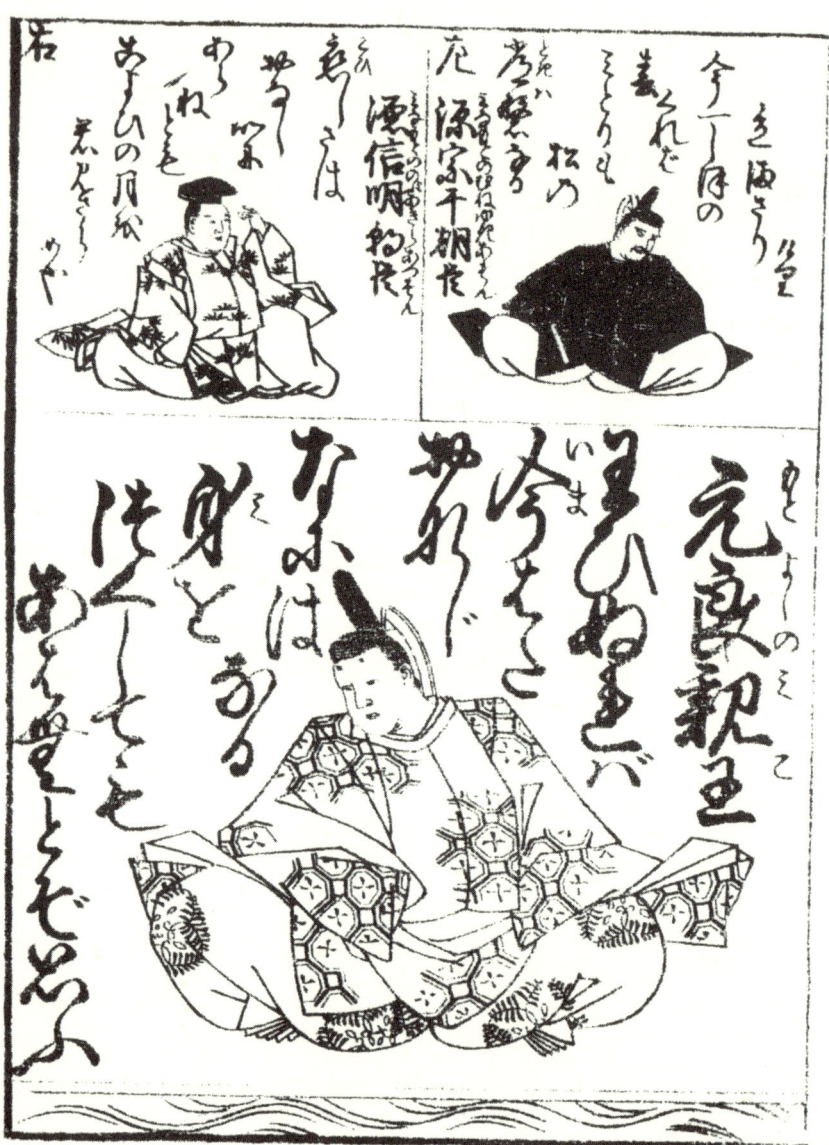

20

PRÍNCIPE MOTOYOSHI
(890-943)

wabinureba
ima hata onaji
naniwa naru
mi wo tsukushite mo
awamu to zo omou

es tan grande mi pena
que todo me da igual,
pero déjame verte una vez más,
en la bahía de Naniwa,
aunque lo pierda todo

(Amor, *Gosenshû*)

Kakekotoba: miotsukushi ("marcas que se utilizan para conocer la dirección del agua" y *mi wo tsukushite* "aunque se consuma mi cuerpo", "aunque me cueste la vida"). Este poema fue enviado por el príncipe a su amada Kyôgoku, antes de que su romance saliera a la luz. Las marcas de madera en el agua, en la bahía de Naniwa, son una imagen recurrente en la poesía clásica japonesa.

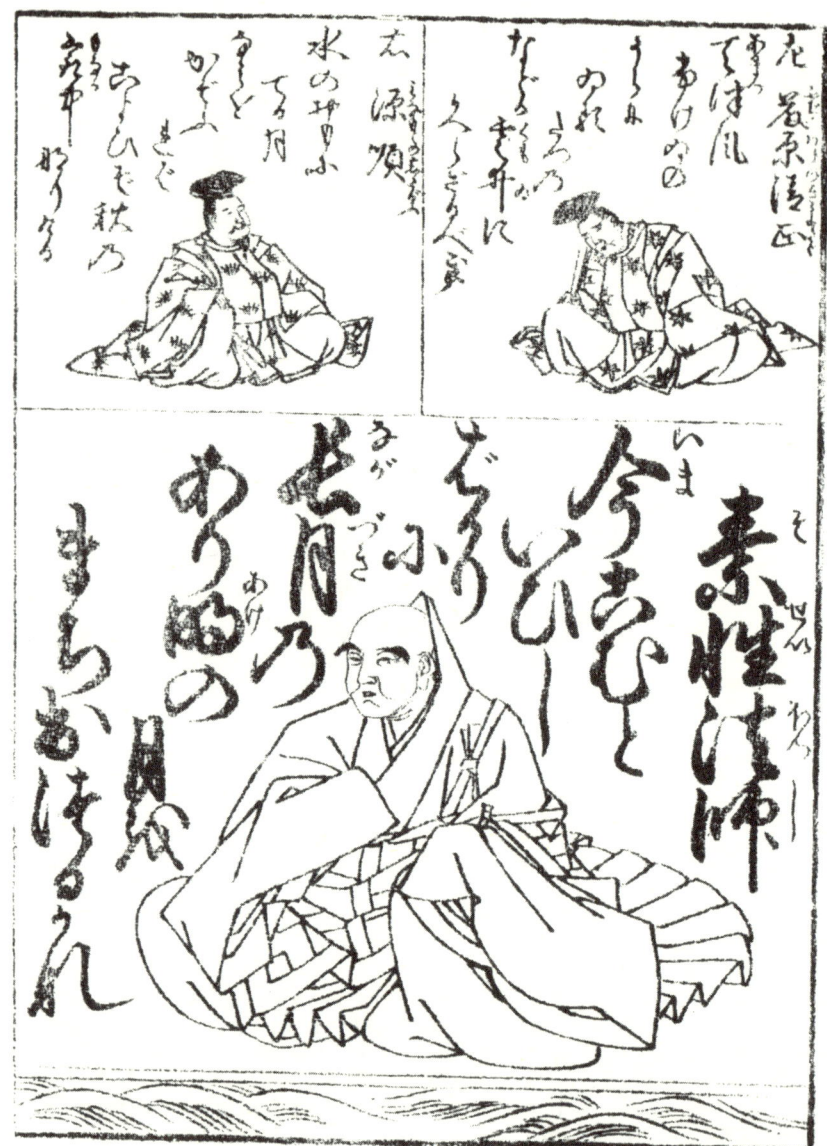

21

MONJE SOSEI
(finales del s. IX-principios del s. X)

ima komu to
iishi bakari ni
nagatsuki no
ariake no tsuki wo
machiidetsuru kana

"vengo ahora mismo",
me dijo él, y le he estado esperando
durante tanto tiempo
que la luna más larga
se ha hecho luna del alba

(Amor, *Kokinshû*)

Este poema está escrito por un hombre, pero está puesto en boca de mujer.

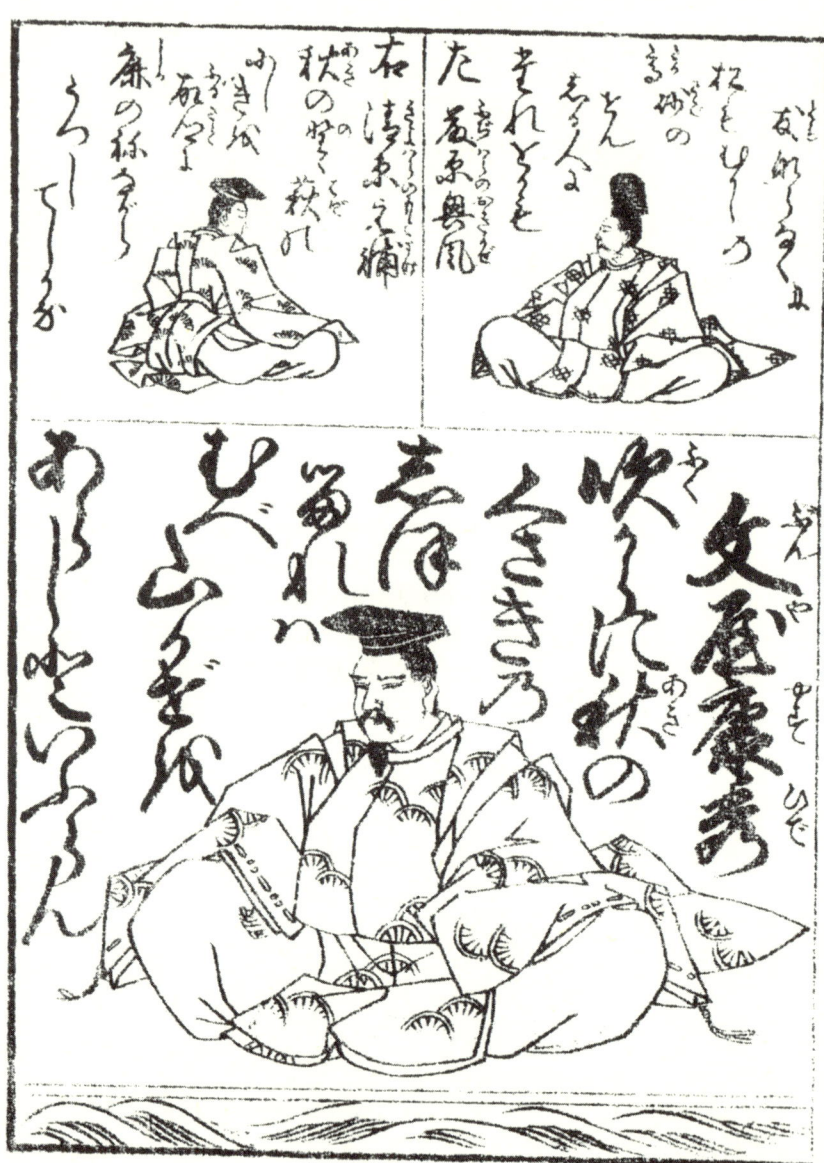

FUN'YA NO YASUHIDE
(finales del s. IX)

fuku kara ni
aki no kusaki no
shiorureba
mube yamakaze o
arashi to iuramu

es su terrible soplo
el que dejó a las hojas otoñales
arrasadas, marchitas,
por eso llaman "destructor"
a ese viento de la montaña

(Otoño, *Kokinshû*)

坂上是則

みよしのの山の
しらゆき
つもるらし
ふるさとさむく
なりまさるなり

藤原興風

たれをかも
しるひとにせむ
たかさごの
まつもむかしの
ともならなくに

大江千里

月見れば
ちぢに物こそ
かなしけれ
わが身ひとつの
秋にはあらねど

23

ÔE NO CHISATO
(hacia 889-923)

tsuki mireba
chiji ni mono koso
kanashikere
waga mi hitotsu no
aki ni wa aranedo

cuando miro la luna,
me invade la tristeza
y me agobian penosos pensamientos,
aunque el otoño no esté aquí
para mí solamente

(Otoño, *Kokinshû*)

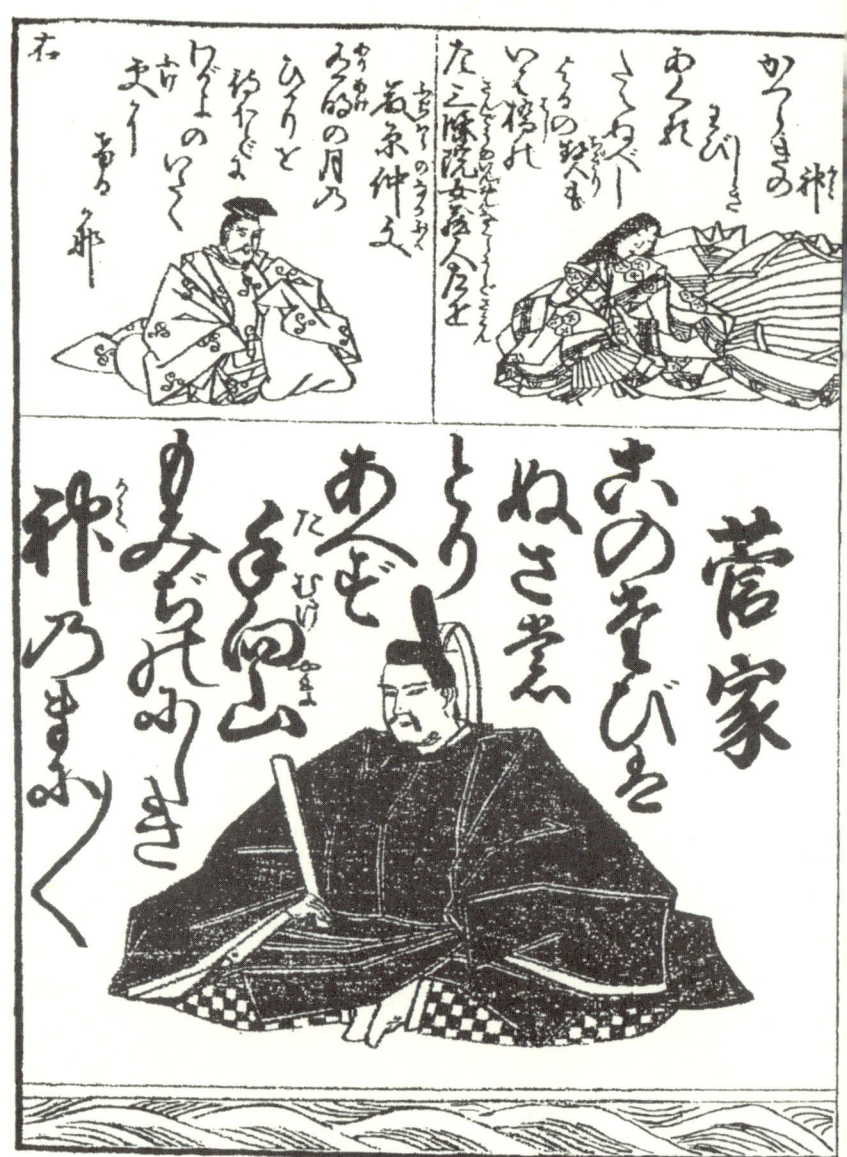

菅家

このたびは
ぬさも
とり
あへず
たむけ山
もみぢのにしき
神のまにまに

24

SUGAWARA NO MICHIZANE
(845-903)

kono tabi wa
nusa mo toriaezu
tamukeyama
momiji no nishiki
kami no ma ni ma ni

aunque no pude
traer cintas sagradas
—Monte de las Ofrendas—,
si ese brocado de hojas otoñales
agradase a los dioses...

(Viaje, *Kokinshû*)

Kakekotoba: *tabi* ("viaje" y "ocasión"). *Tamukeyama* significa "Monte de las Ofrendas. Todavía hoy existe la tradición de ir a ciertas montañas conocidas con ese nombre para pedirle a los dioses un viaje seguro mediante una ofrenda (*nusa*), que suele consistir en la famosas serpentinas o guirnaldas de papel, muy habituales en el shintoísmo. Aunque antiguamente se solía llevar flores o la planta sagrada de sasaki, también se ofrecían trozos de tela, generalmente de algodón o de lino. Actualmente también se conoce como *tamuke* la costumbre de regalar dinero a la persona que se dispone a viajar.

25

FUJIWARA NO SADAKATA
(873-932)

na ni shi owaba
ôsakayama no
sanekazura
hito ni shirarede
kuru yoshi mogana

si el nombre es apropiado,
viña loca de la Colina del Encuentro,
¿no habrá ningún camino
oculto a las miradas de la gente
para venir a ti en secreto?

(Amor, *Gosenshû*)

Kakekotobas: *Ôsakayama, Ausakayama* (nombre de montaña y *au*, "encontrarse"). *Sanekazura* es la flor amarilla de una planta que da un fruto rojo y redondo y cuyos zarcillos, parecidos a los de la vid, se separan para volver a unirse. Al mismo tiempo, *sane* viene a significar algo así como "ven a dormir". La palabra *sanekazura* funciona también como *makurakotoba* del verbo *au* ("encontrarse"), como ocurre en otros poemas. El verbo *kuru*, en el último verso, significa "venir" y "enrollar algo".

26

PRÍNCIPE TEISHIN
(880-949)

ogurayama
mine no momijiba
kokoro araba
ima hitotabi no
miyuki matanamu

hojas del arce sobre la colina
del monte Ogura,
si tenéis corazón,
esperad todavía
la visita del emperador

(Otoño, *Shûishû*)

Durante una excursión al río Oi, junto al monte Ogura, el emperador ya retirado Uda, fascinado por la belleza del lugar, comentó que su hijo, el emperador Daigo, debería conocerlo. Así se instituyeron las visitas imperiales a ese paraje.

二十六歌仙

三十六人の平仙は四象
あるひはえうぎきりもあり
大納言公任にいふ
の名人をあげてこれを
とえ〳〵まきこしとその
のちにいそう光盛注脚
だゞにはうちて十公〴〵
にほゞ覚りさされども
うさまらくにしてさ
ざぬりざご〳〵今けれ
い秘本のくことうつ
ほりくここに志るして
きふものなり

源氏五十四帖 画中亭
番の圖

中納言兼輔

みかの原
わきて流るる
いづみ川
いつみきとてか
こひしかるらん

27

FUJIWARA NO KANESUKE
(877-933)

mika no hara
wakite nagaruru
izumigawa
itsu miki tote ka
koishikaruramu

en el campo de Mika
nace el río Izumi
y lo divide en dos;
no sé si alguna vez nos encontramos,
¿por qué, entonces, la añoro?

(Amor, *Shinkokinshû*)

Kakekotobas: *Waku* que significa "dividir" y "manar"; *Izumi* es el nombre de un río, pero *itsu mi* significa "cuando veo" o "cuando vea", expresión que aparece también en el verso siguiente.

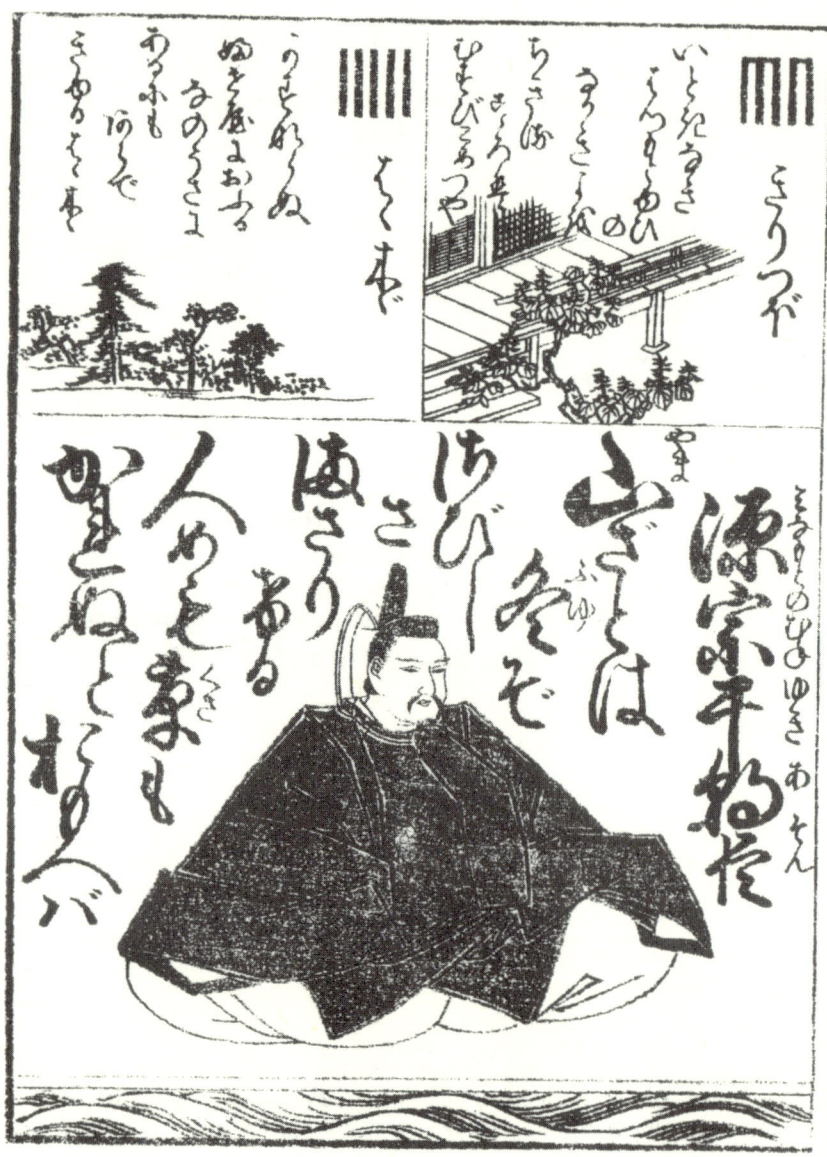

28

MINAMOTO NO MUNEYUKI
(m. 939)

yamazato wa
fuyu zo sabishisa
masarikeru
hitome mo kusa mo
karenu to omoeba

la soledad invernal
se ahonda en una aldea de montaña
cuando los huéspedes se han ido
y las hojas y hierbas se marchitan:
inquietos pensamientos

(Invierno, *Kokinshû*)

29

ÔSHIKÔCHI NO MITSUNE
(m. hacia 925)

kokoro ate ni
oraba ya oramu
hatsushimo no
oki madowaseru
shiragiku no hana

    podría, por azar,
    cortar la una por la otra...
    la blanca flor del crisantemo
    sobre la cual la escarcha temprana se reclina
    desconcertada...

(Otoño, *Kokinshû*)

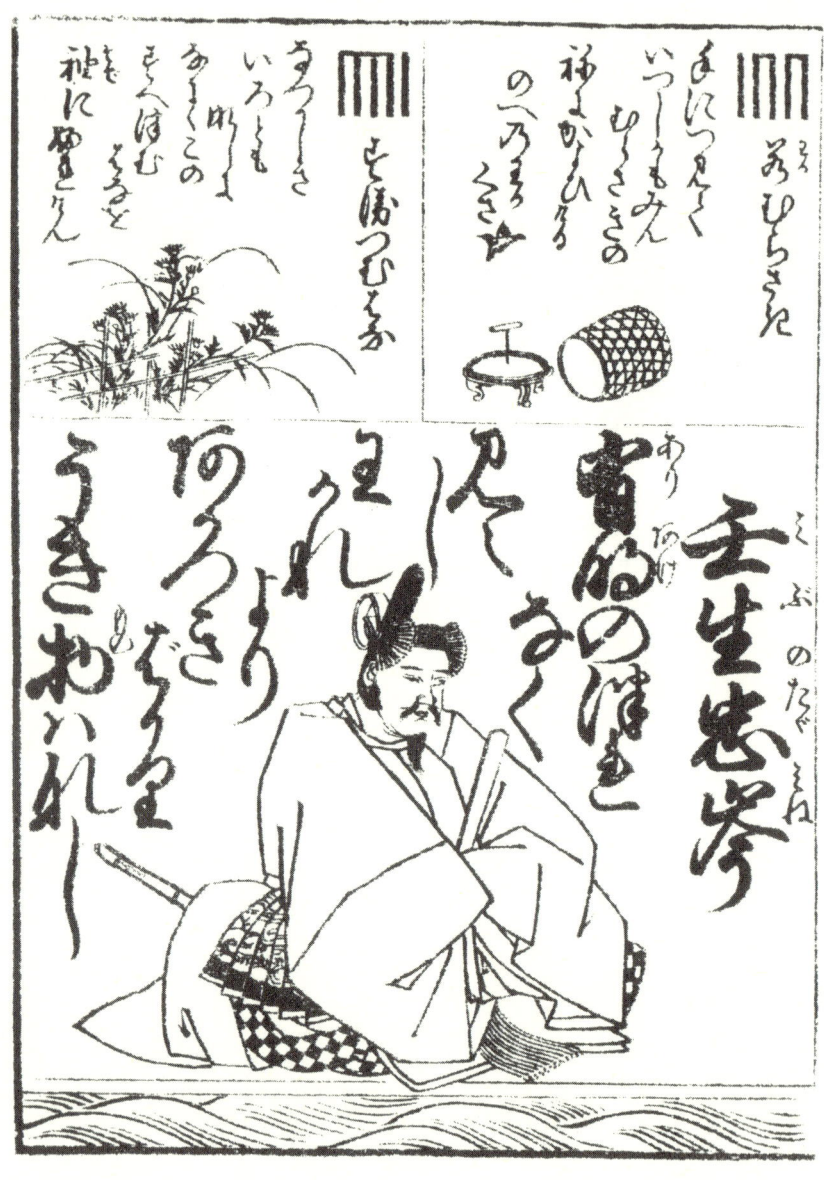

30

MIBU NO TADAMINE
(n. hacia 850)

ariake no
tsurenaku mieshi
wakare yori
akatsuki bakari
uki mono wa nashi

las horas que preceden al alba
me parecen muy tristes
desde que, al despedirnos,
vi en el cielo la fría
e indiferente cara de la luna

(Amor, *Kokinshū*)

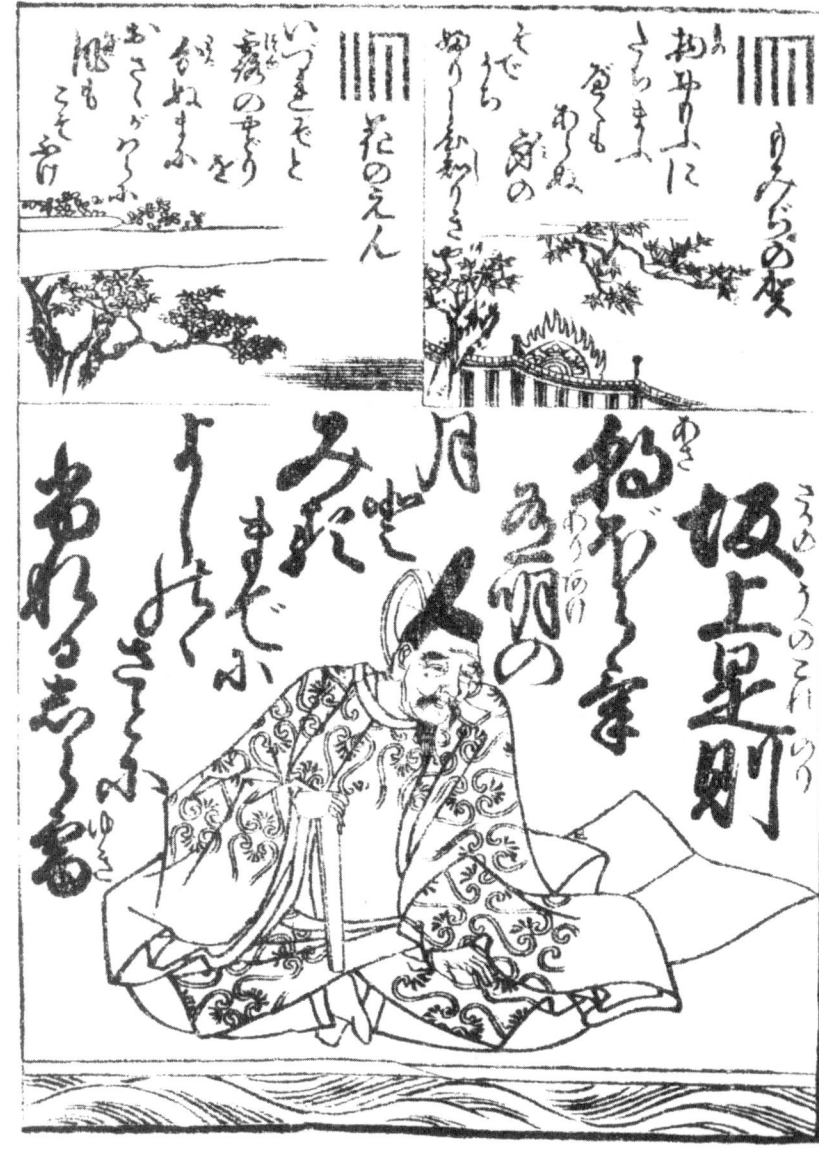

31

SAKANOUE NO KORENORI
(principios del s. X)

asaborake
ariake no tsuki to
miru made ni
yoshino no sato ni
fureru shirayuki

                    pensé que era el fulgor
                    pálido de la luna
                    rezagándose al alba:
                    blanca nieve caída
                    sobre la aldea de Yoshino

(Invierno, *Kokinshû*)

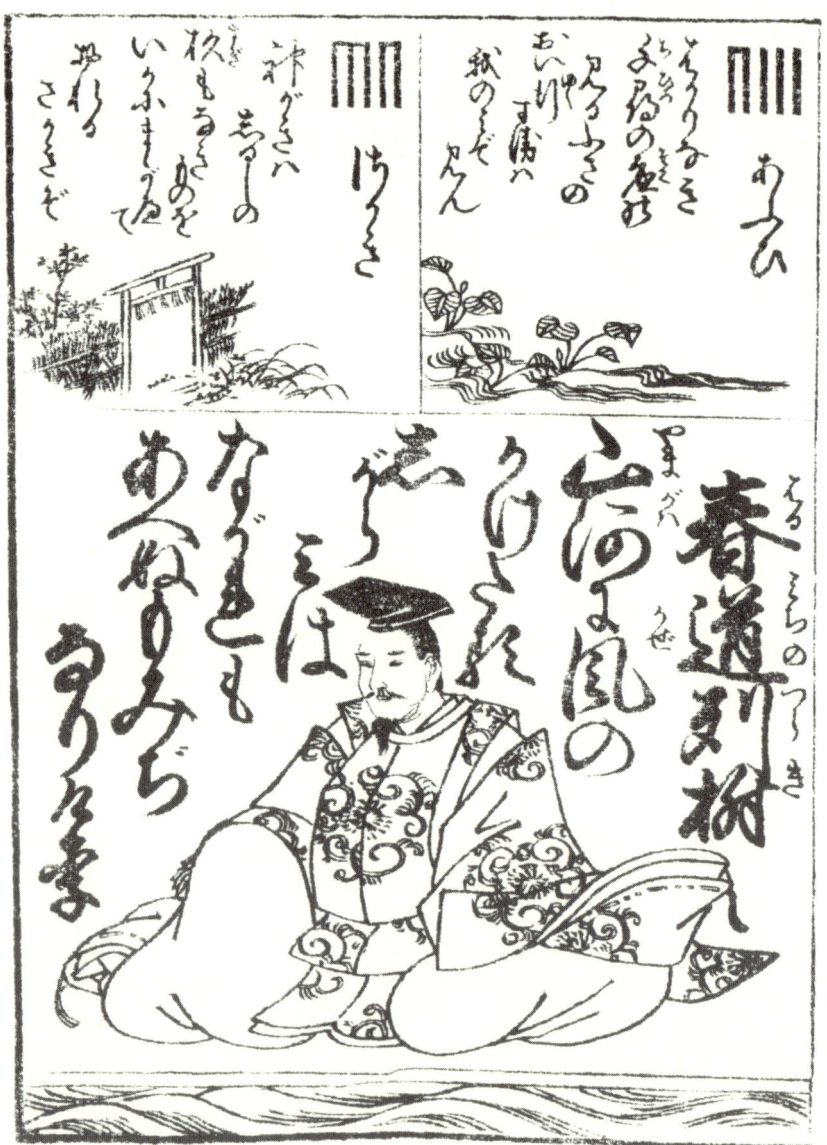

あらし

そよりみぞ
ちりぢりと
よもの木の葉
ふきちらす
おとすさまじ
秋のくれがた
ひかん

ちりくさ

神くさは
もずの
枕もそめて
いふましろ
にふりる
ちりくさぞ

春道列樹

山河に風の
かけたる
しがらみは
ながれも
あへぬ
もみぢ
なりけり

32

HARUMICHI NO TSURAKI
(m. 920)

yamagawa ni
kaze no kaketaru
shigarami wa
nagare mo aenu
momiji narikeri

las hojas otoñales
no pueden ya fluir
con la corriente impetuosa:
el viento fue formando una barrera
en el arroyo de la montaña

(Otoño, *Kokinshû*)

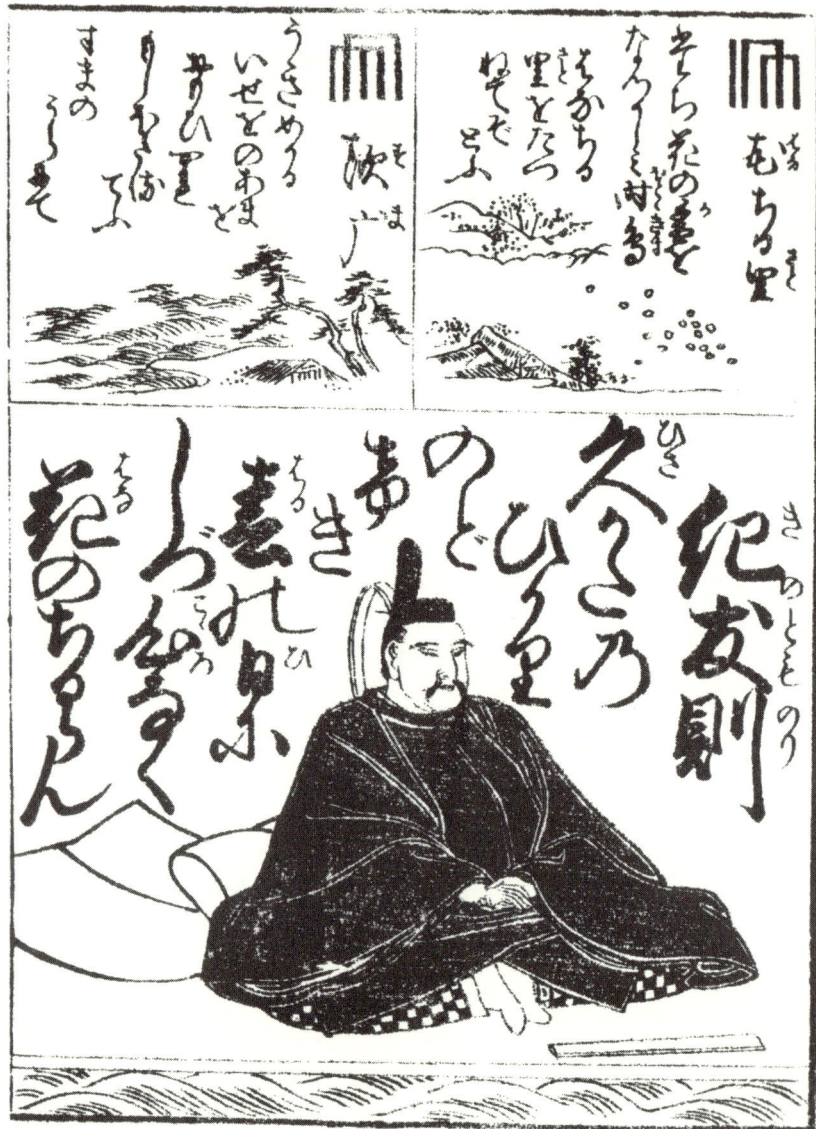

33

KI NO TOMONORI
(m. hacia 905-907)

hisakata no
hikari nodokeki
haru no hi ni
shizugokoro naku
hana no chiruramu

en la serena luz
de un sol siempre radiante
en los días primaverales,
¿por qué las flores nuevas del cerezo
se dispersan como agitados pensamientos?

(Primavera, *Kokinshû*)

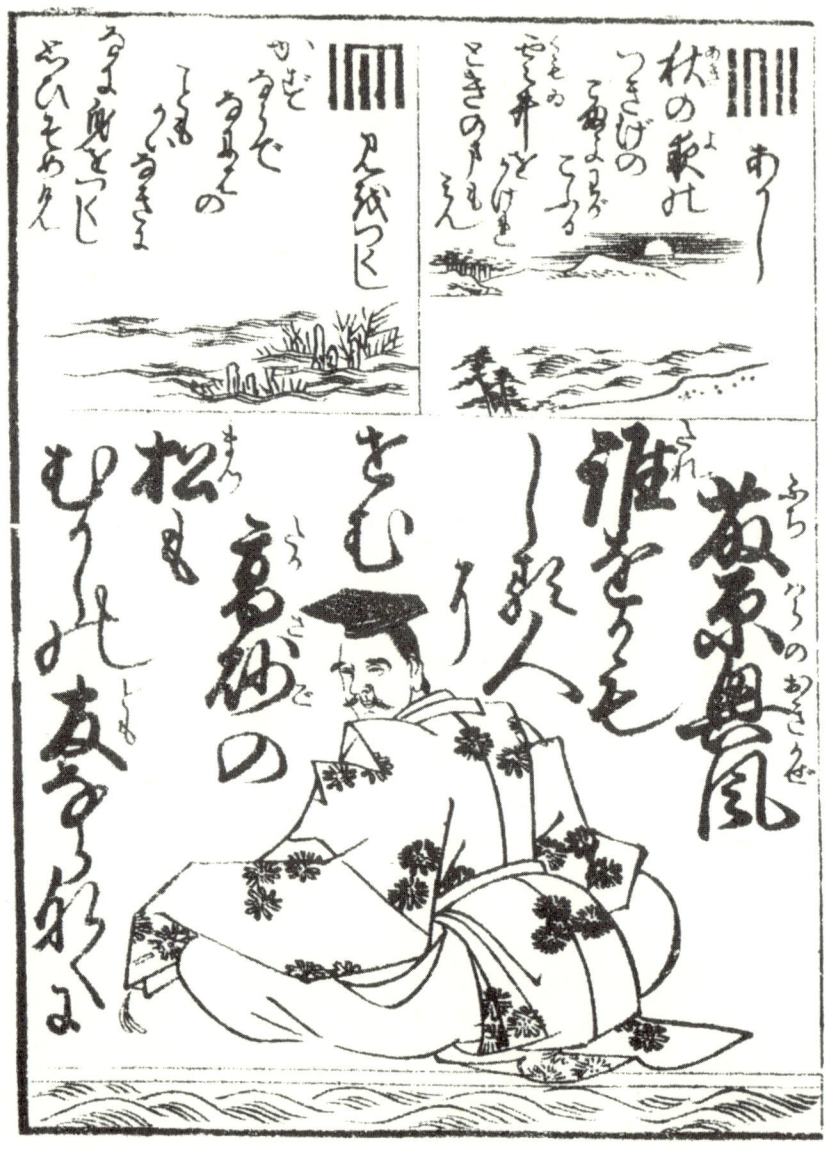

34

FUJIWARA NO OKIKAZE
(principios del s. X)

tare wo ka mo
shiru hito ni semu
takasago no
matsu mo mukashi no
tomo naranaku ni

¿podré encontrar ahora,
a mi edad, un amigo?
ni siquiera los pinos de Takasago,
tan viejos como yo,
pueden ya consolarme

(Miscelánea, *Kokinshû*)

En la tradición china y japonesa, el pino simboliza la longevidad.

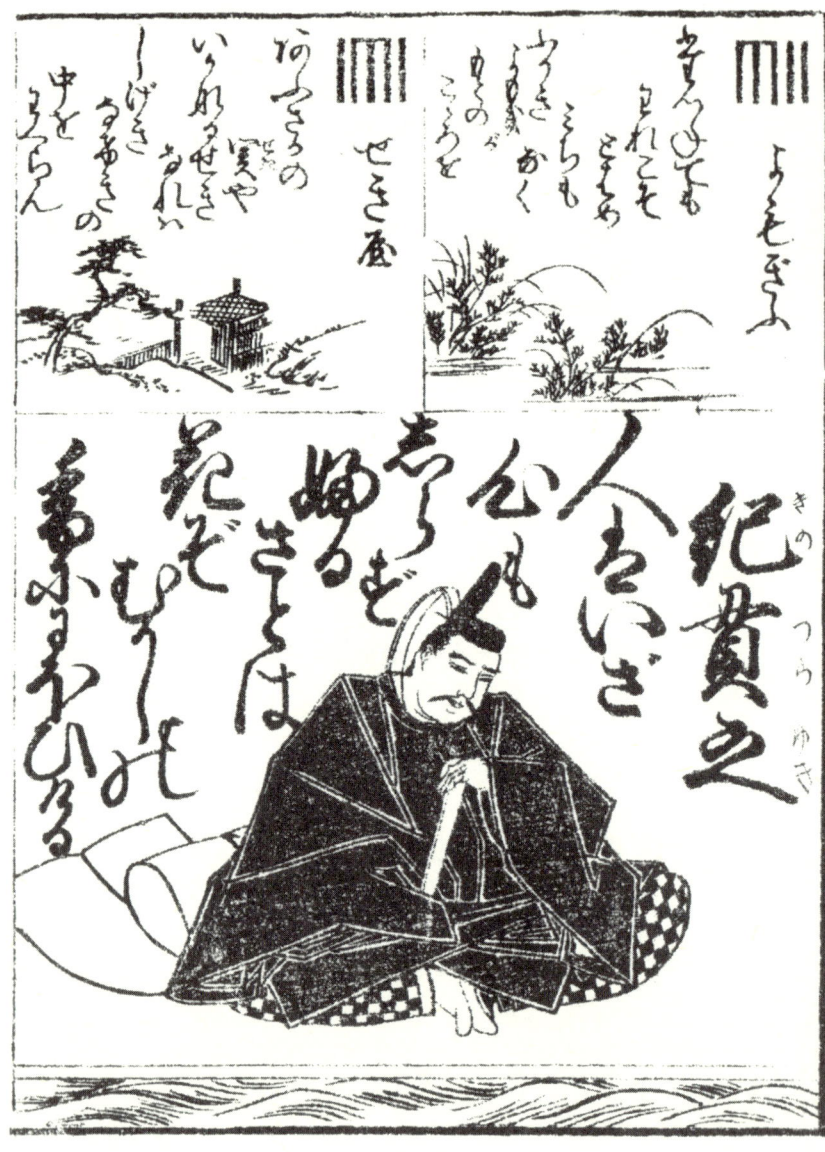

35

KI NO TSURAYUKI
(hacia 866-945)

hito wa isa
kokoro mo shirazu
furusato wa
hana zo mukashi no
ka ni nioikeru

es imposible sondear
el corazón del hombre,
pero en mi vieja aldea
las flores nuevas tienen el perfume
de los días de antaño

(Primavera, *Kokinshû*)

Durante sus peregrinaciones a Hatsute, el poeta solía pasar unos días en casa de un amigo. Mucho tiempo después, volvió al lugar, y el dueño de la casa le envió un mensaje irónico de queja, recordándole que siempre había sitio para él en su casa. Entonces, Tsurayuki rompió una rama de ciruelo en flor y compuso este poema.

36

KIYOWARA NO FUKAYABU
(principios del s. X)

natsu no yo wa
mada yoi nagara
akenuru wo
kumo no izuko ni
tsuki yadoruramu

breves noches de estío:
aunque parece un dulce atardecer,
ya llegó el alba,
pero ¿dónde, en qué nube,
se ha escondido la luna?

(Verano, *Kokinshû*)

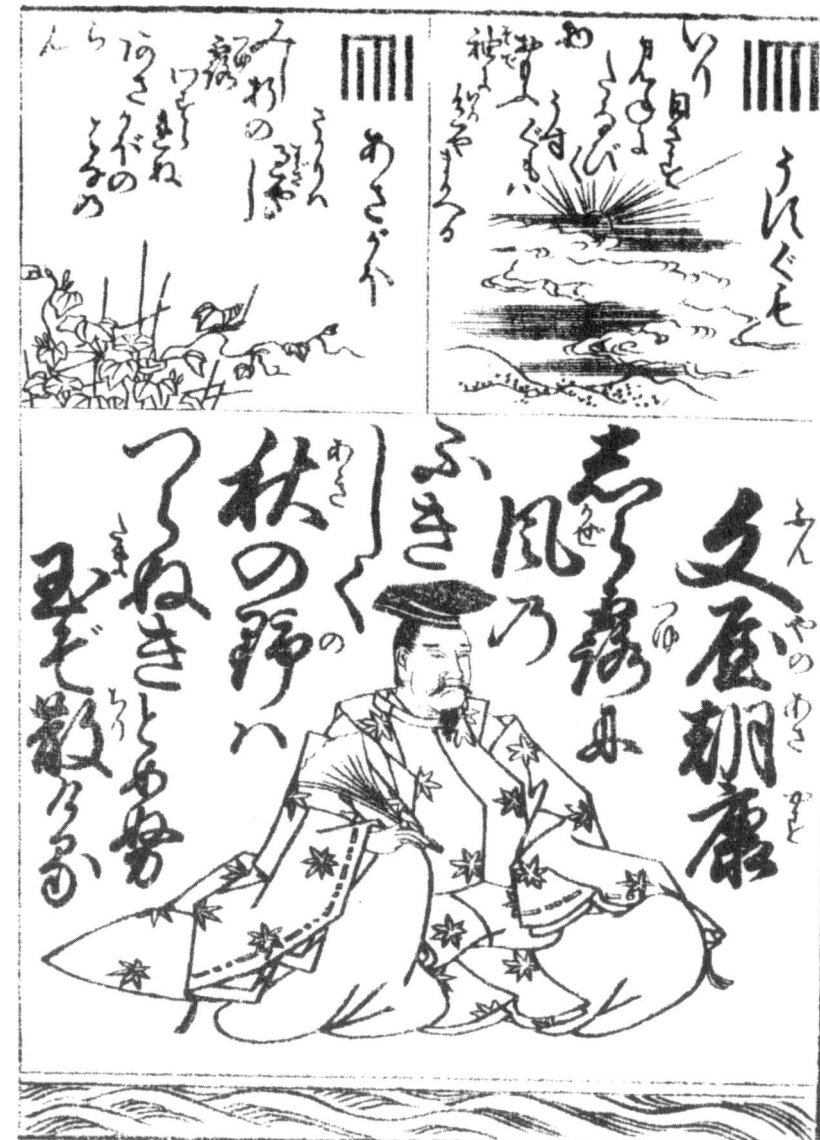

文屋康秀

吹くからに
秋の野は
つねぞかなしき
草木のしをるれば
むべ山風を
あらしといふらん

37

FUN'YA NO ASAYASU
(finales del s. IX-principios del s. X)

shiratsuyu ni
kaze no fukishiku
aki no no wa
tsuranuki tomenu
tama zo chirikeru

campos de otoño,
el viento sopla y sopla
sobre el blanco rocío:
¡cuántas gemas desenhebradas
se derraman por todas partes!

(Otoño, *Gosenshû*)

38

UKON
(mitad del s. X)

wasuraruru
mi wo ba omowazu
chikaiteshi
hito no inochi no
oshiku mo aru kana

    nada me importa
    que me hayas olvidado,
    ¿por qué habría de inquietarme?
    allá tú con el falso juramento
    que hiciste un día ante los dioses...

(Amor, *Shûishû*)

そうれん

こてふ

参議等

39

MINAMOTO NO HITOSHI
(880-951)

asajiu no
ono no shinohara
shinoburedo
amarite nado ka
hito no koishiki

como las hierbas
casi escondidas entre los bambúes,
me esforcé en vano por disimularlo,
¿por qué ahora me abruma y me desborda
mi loco amor por ti?

(Amor, *Gosenshû*)

Kakekotoba: *Shino* es una especie de bambú, pero significa también "amar en secreto".

ひさうら

声をひとつに
をちこちに
わりなくそ
いふなかぬらむ

|||| ここるり

るでこその
ここるるきゝ
いろをしんで
もの
ここるゝと
人やぢらん

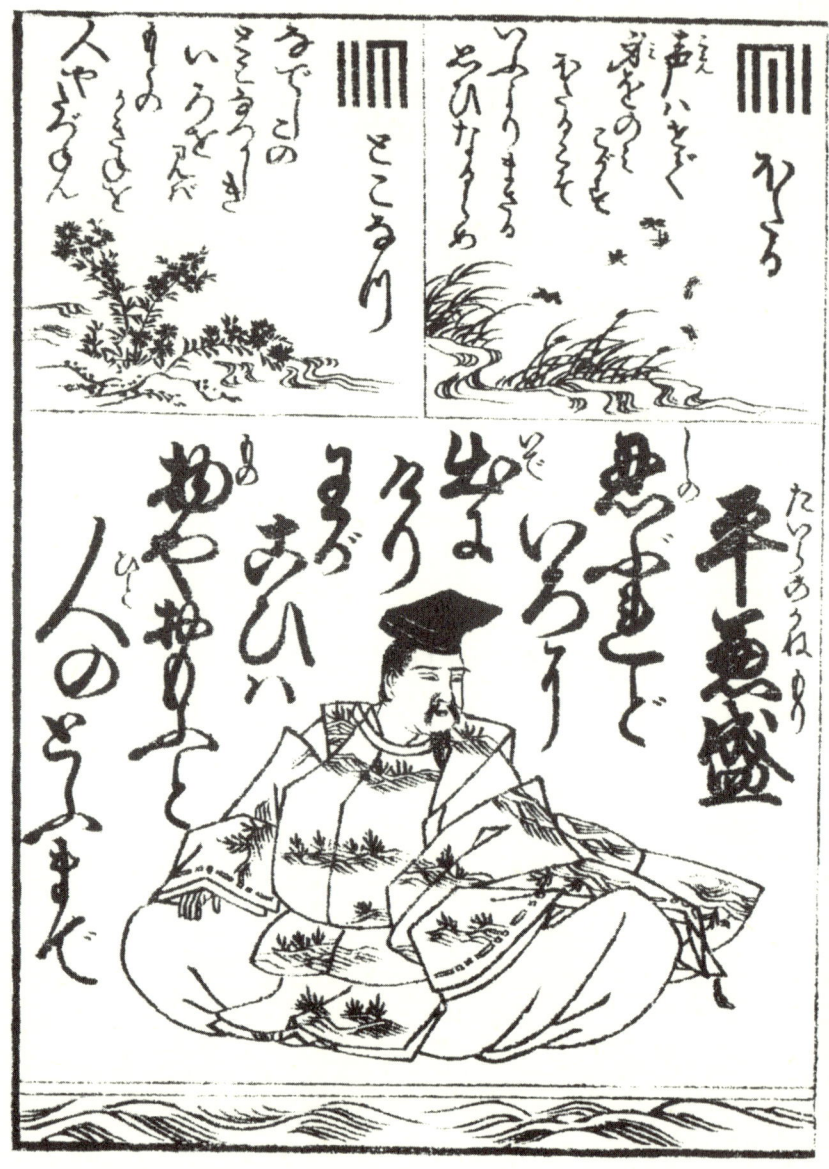

たいらのむねもり
平宗盛

思ふこと
いろいろ
なり
まがあひの
めやおりふる
人のとふまで

TAIRA NO KANEMORI
(m. 990)

shinoburedo
iro ni idenikeri
waga koi wa
mono ya omou to
hito no tou made

yo trato de ocultarlo,
pero la ensoñación reflejada en mi cara
revela mi secreto amor por ti,
por eso todos me preguntan:
"di, ¿en qué piensas?"

(Amor, *Shûishû*)

41

MIBU NO TADAMI
(mitad del s. X)

koi su chô
waga na wa madaki
tachinikeri
hito shirezu koso
omoi someshika

mi nombre va de boca en boca,
sí, estoy enamorado;
aunque la gente no lo sepa,
yo creo que es ahora
cuando he empezado a amarla

(Amor, *Shûishû*)

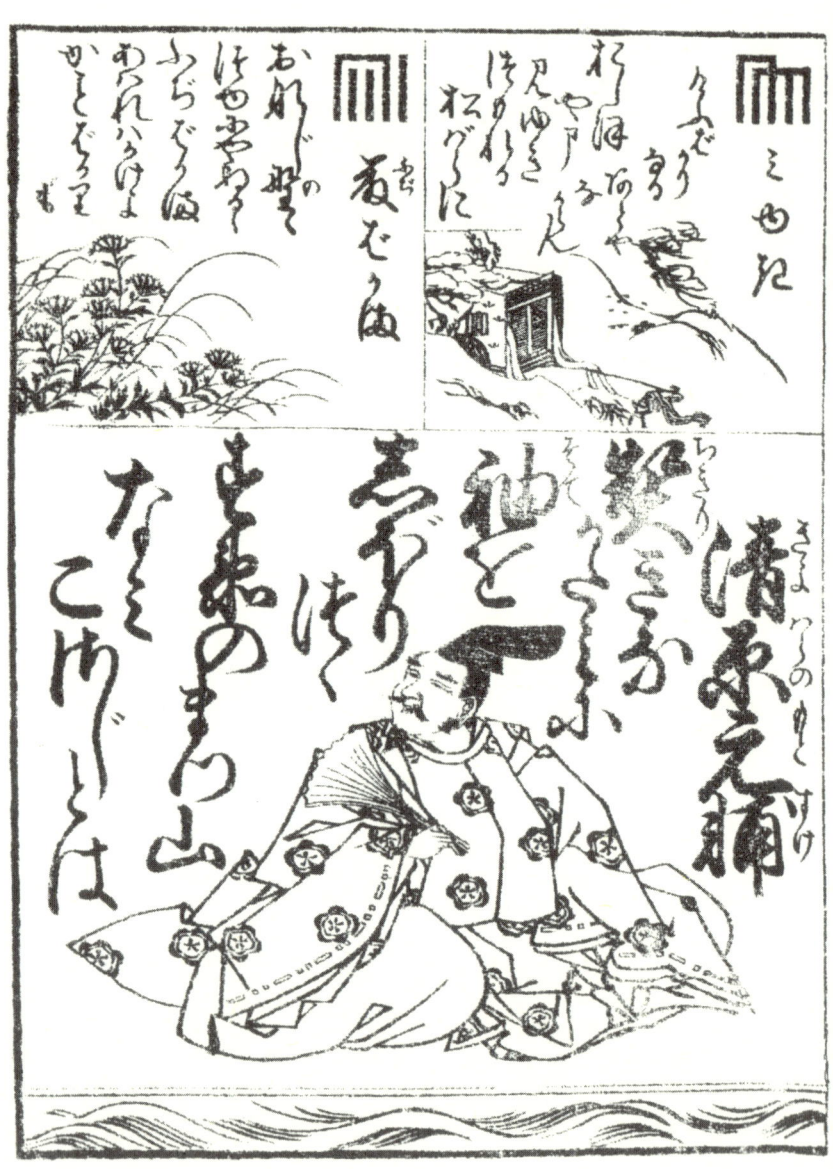

42

KIYOWARA NO MOTOSUKE
(908-990)

chigiriki na
katami ni sode wo
shiboritsutsu
sue no matsuyama
nami kosaji to wa

        hemos sellado con las lágrimas
        un juramento eterno:
        nuestro amor durará
        hasta que el oleaje
        rebase el monte de los pinos de Sue

(Amor, *Goshûishû*)

43

FUJIWARA NO ATSUTADA
(906-943)

aimite no
nochi no kokoro ni
kurabureba
mukashi wa mono wo
omowazarikeri

    si los comparo
    al sentimiento que me embarga
    después de haberte conocido,
    mis antiguos tormentos
    me parecen insignificantes

(Amor, *Shûishû*)

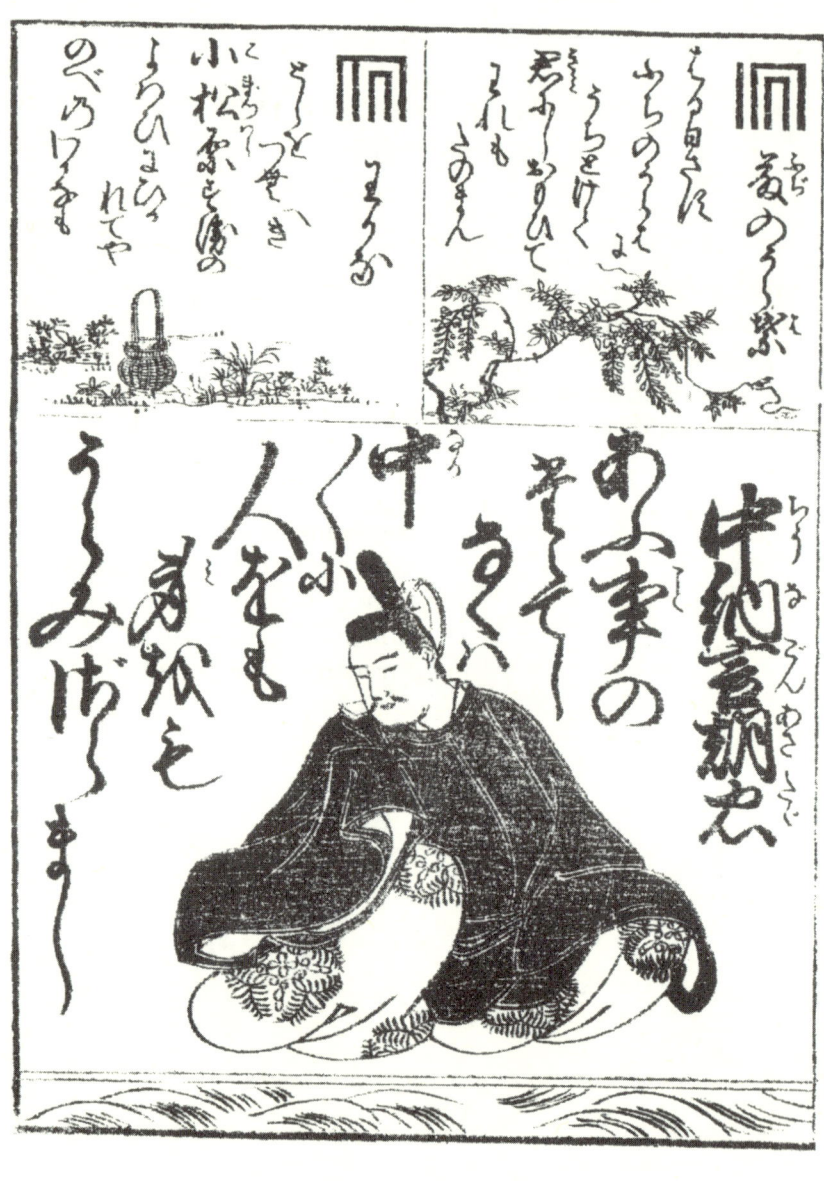

44

FUJIWARA NO ASATADA
(910-966)

au koto no
taete shinaku wa
nakanaka ni
hito wo mo mi wo mo
uramizaramashi

mejor hubiera sido
no habernos encontrado,
así no habríamos sufrido,
ni ella ni yo,
la pena de la ausencia

(Amor, *Shûishû*)

45

PRÍNCIPE KENTOKU
(924-972)

aware to mo
iubeki hito wa
omôede
mi no itazura ni
narinu beki kana

no creo que nadie
tenga palabras de consuelo,
voy a pasar a mejor vida,
mi muerte será sólo
el fin de mi locura

(Amor, *Shûishû*)

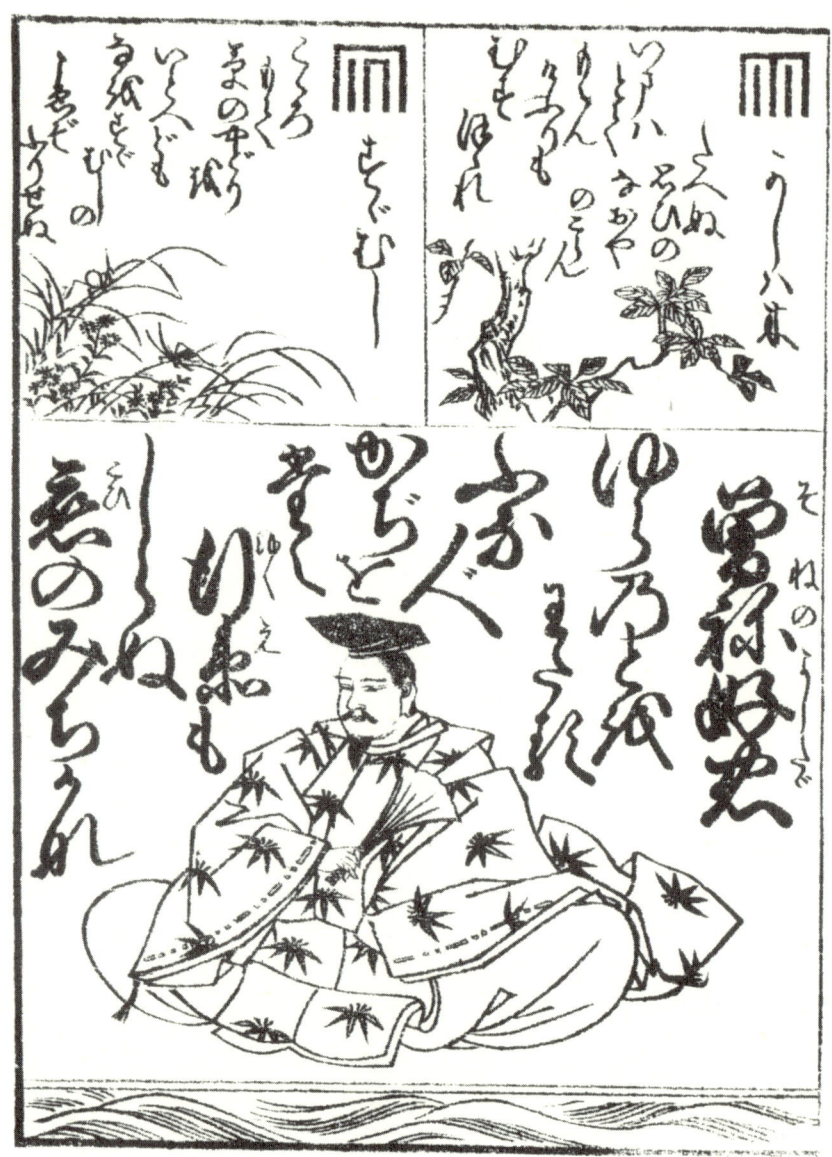

46

SONE NO YOSHITADA
(mediados del s. X)

yura no to wo
wataru funabito
kaji wo tae
yukue mo shiranu
koi no michi kana

igual que un marinero
que cruza sin timón
el estrecho de Yura,
desconozco el camino del amor
y la medida de su profundidad

(Amor, *Shinkokinshû*)

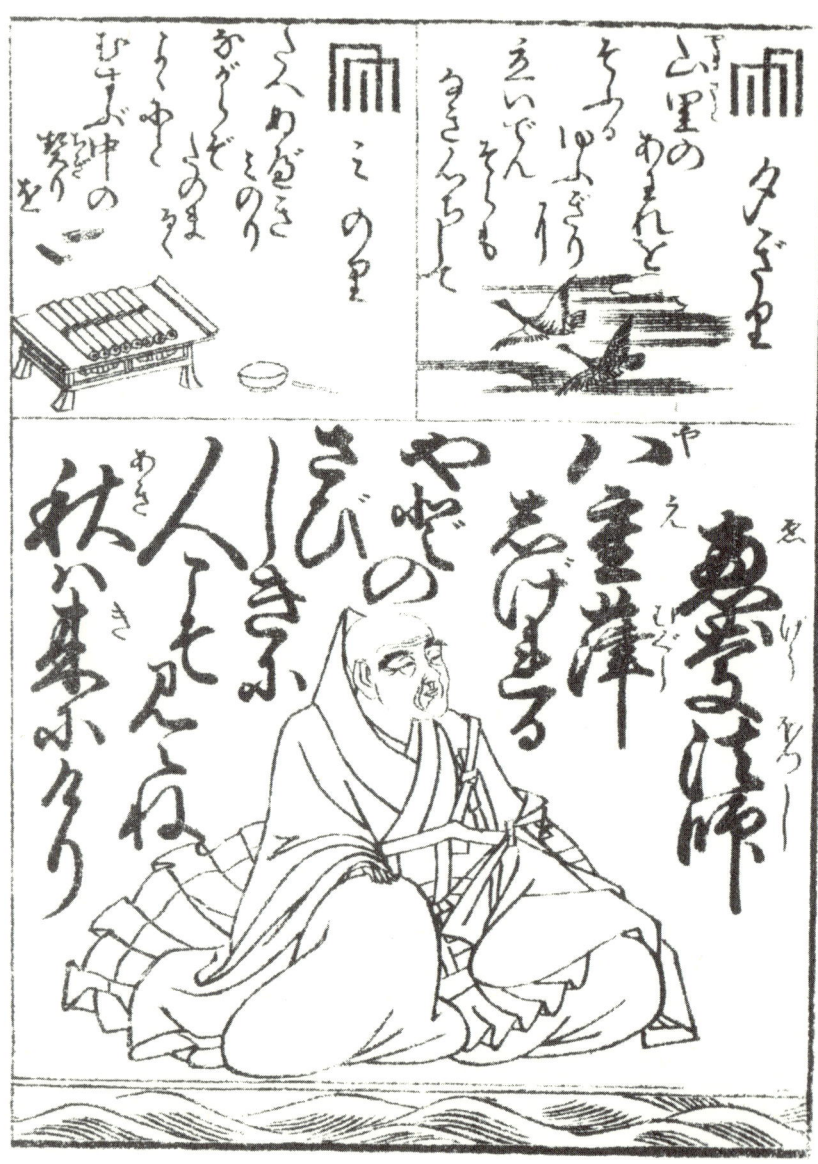

47

MONJE EGYÔ
(finales del s. X)

yaemugura
shigereru yado no
sabishiki ni
hito koso miene
aki wa kinikeri

                hierbas salvajes
                invaden mi cabaña solitaria;
                cuando veo
                que ya no viene nadie,
                sé que llegó el otoño

                (Otoño, *Shûishû*)

Se dice que el poeta era amigo del monje Anpô, dueño de una lujosa mansión en Kawara In, al oeste del río Kamo, en Kioto, donde se celebraban numerosas fiestas y veladas poéticas. Al cabo del tiempo, el dueño se arruinó y la casa perdió el antiguo esplendor.

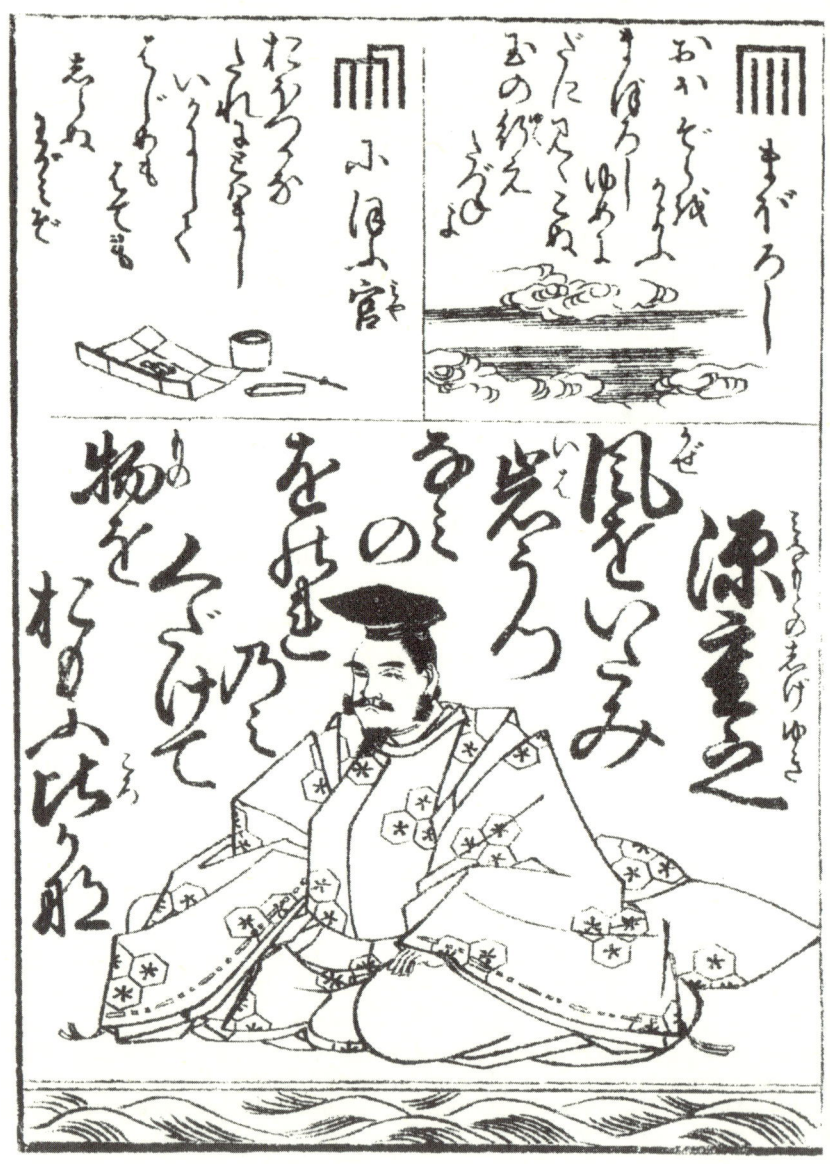

48

MINAMOTO NO SHIGEYUKI
(m. hacia 1000)

kaze wo itami
iwa utsu nami no
onore nomi
kudakete mono wo
omou koro kana

como las olas que se estrellan
contra las rocas,
agitadas por un viento furioso,
así me veo, solo y destrozado,
cuando me acuerdo de ella

(Amor, *Shikashû*)

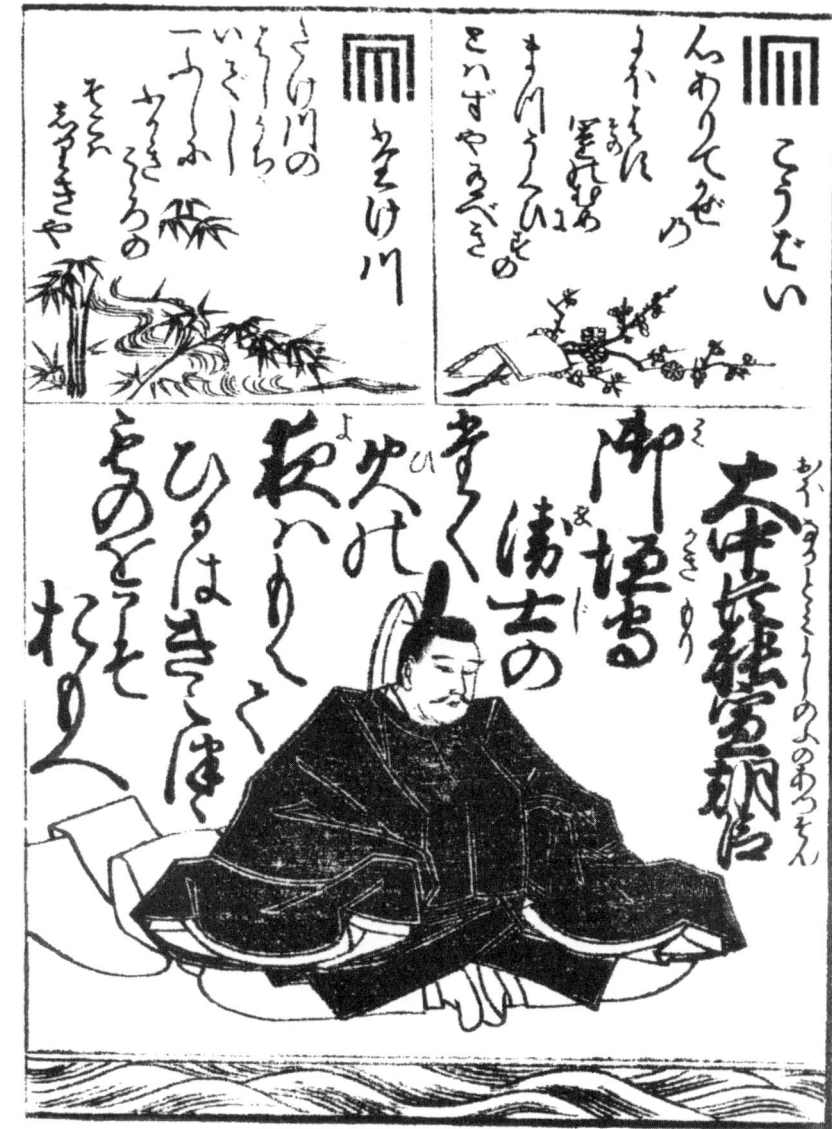

49

ÔNAKATOMI NO YOSHINOBU
(921-991)

mikakimori
eji no takuhi no
yoru wa moe
hiru wa kietsutsu
mono wo koso omoe

junto a las puertas del Palacio,
los fuegos de la guardia
arden de noche, y de día se extinguen,
igual que mi ansiedad
y mi pasión por ella

(Amor, *Shikashû*)

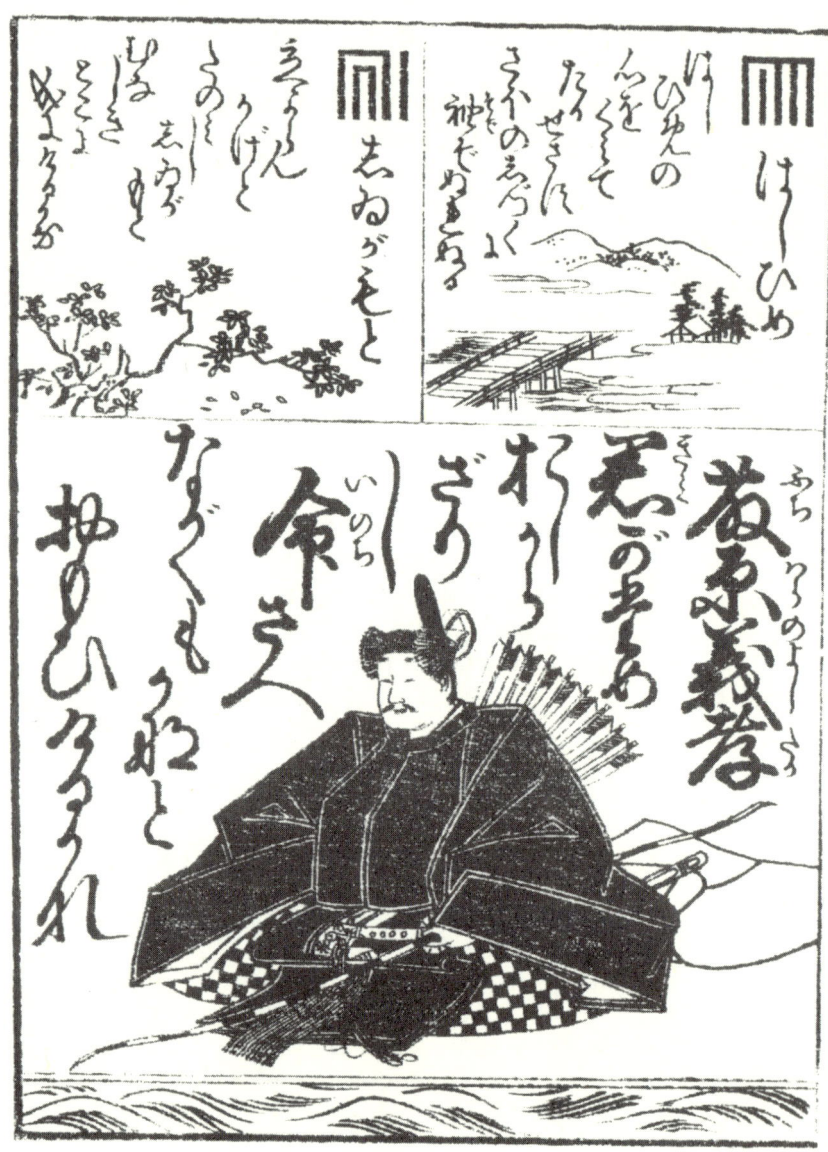

50

FUJIWARA NO YOSHITAKA
(954-974)

kimi ga tame
oshikarazarishi
inochi sae
nagaku mogana to
omoikeru kana

antes no me importaba
perder mi vida por tu amor,
pero ahora, después de nuestro encuentro,
deseo ardientemente
que no se acabe nunca

(Amor, *Goshûishû*)

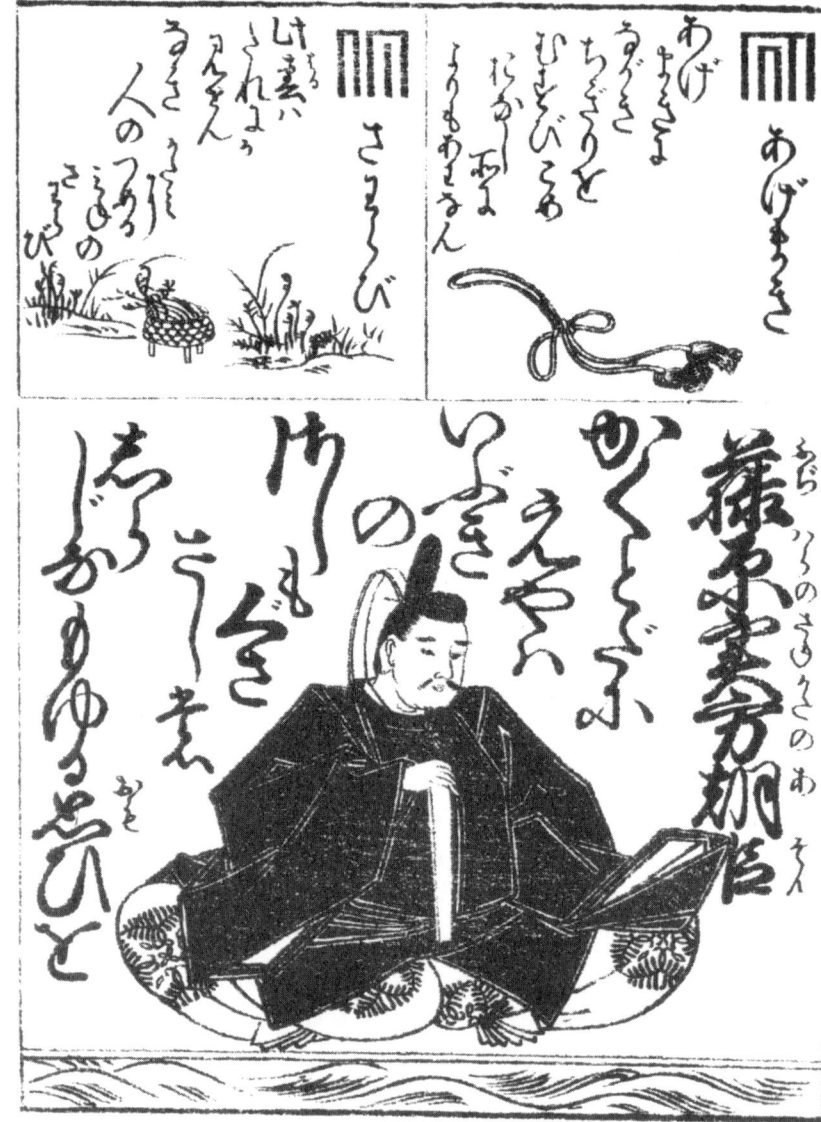

51

FUJIWARA NO SANEKATA
(m. 998)

kaku to dani
e ya wa ibuki no
sashimogusa
sa shi mo shiraji na
moyuru omoi wo

aunque no sé expresarlo,
o aunque ella no pueda comprenderlo,
mi amor es tan ardiente
como el efecto
de las hierbas de Ibuki

(Amor, *Goshûishû*)

Ibuki es una montaña famosa por sus hierbas, *sashimo* o *mogusa*, utilizadas para la moxibustión, una especie de acupuntura térmica de origen chino. Con esas hierbas se preparan unos conos de incienso con los que se quema la piel. De ahí la asociación entre las palabras *sashimo* ("hierbas") y *moyuru* ("arder"), y entre *omoi* y *hi* ("fuego"), relacionando "fuego" y "pensamiento". *Sa shi mo* en el cuarto verso funciona como interjección: "¡así!", "¡tanto!". *Ibuki* actúa también como *kakekotoba*, pues, además de designar la montaña que lleva ese nombre, puede interpretarse como "no puedo decir" o "no tengo palabras".

52

FUJIWARA NO MICHINOBU
(972-994)

akenureba
kururu mono to wa
shirinagara
nao urameshiki
asaborake kana

    cuando amanece, me consuela
    pensar que pronto volverá la noche,
    pero aunque me esfuerzo en recordarlo,
    el resplandor del alba
    no es para mí menos odioso

    (Amor, *Goshûishû*)

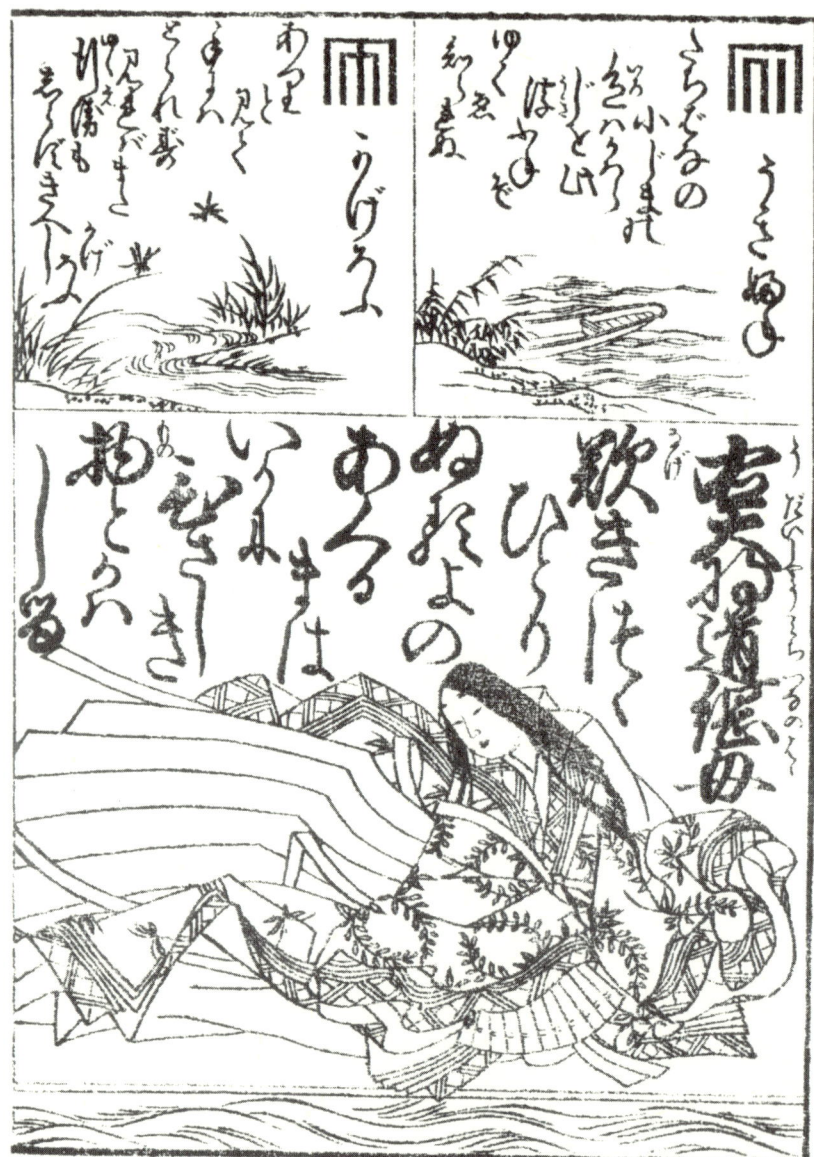

53

MADRE DE MICHITSUNA
(937? -995)

nagekitsutsu
hitori nuru yo no
akuru ma wa
ika ni hisashiki
mono to ka wa shiru

a solas, en la cama,
paso la larga noche
esperando impaciente la llegada del alba...
no sabes qué tediosas
pueden llegar a ser las horas

(Amor, *Shûishû*)

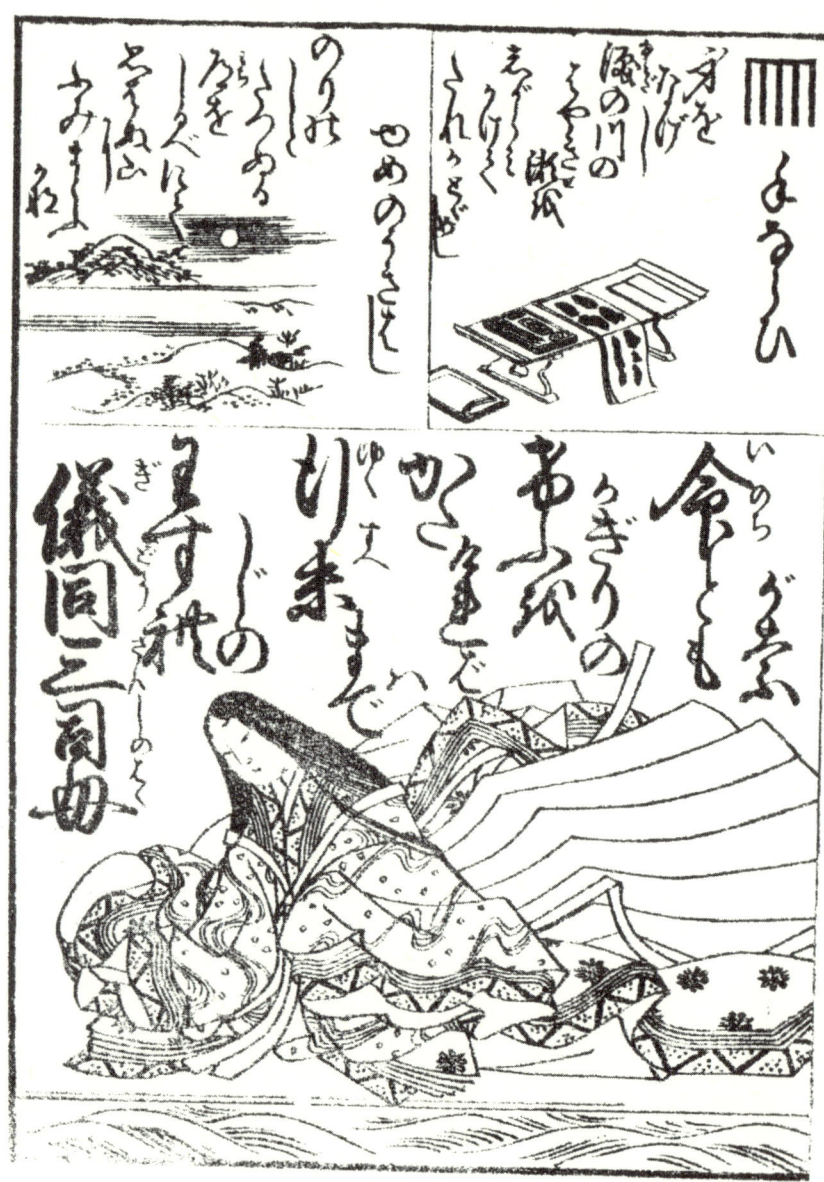

54

MADRE DE KORECHIKA
(m. 996)

wasureji no
yukusue made wa
katakereba
kyô wo kagiri no
inochi to mogana

ante el futuro incierto,
tu promesa de no olvidarme nunca
me parece difícil,
¡oh, si este día de tu juramento
fuera el último día de mi vida!

(Amor, *Shinkokinshû*)

山蔭の孫あま(?)いひける
の大樹浮舟の君にめし
あへるに(?)もうとも也
系圖 このあとふむろ
人くのけいつをませ(?)いひき
引所 これはすいくよ
切入 古所の玄栄れ
出子(?)すく見合の弟(?)に
目安仲中山三巻在れ
けぎれたとて扱(?)あかどの
出木(?)初(?)くんたぎりあり
けだ市(?)貼をあらせて六
十站(?)くさろめり

大納言玄佐(?)
瀧乃孝(?)は
久くさして
すりぬれど
れ
名をそ
笑
流れなげれ(?)く

55

FUJIWARA NO KINTÔ
(966-1041)

taki no oto wa
taete hisashiku
narinuredo
na koso nagarete
nao kikoekere

aunque hace tiempo
que se agotó el fluir de la cascada
y cesó su estruendo,
su nombre aún fluye
y su fama aún se escucha

(Miscelánea, *Shûishû*)

源氏物語之圖

源氏物がたり八帖お寺
源氏の所作也
式部の所作也
村上天皇第十の姫
宮せん閑釈主如来
授ける作ヶ姫也
のつきされ毎に歸り
たまうときめつらし
なりぬ地ごくやの
ゆかりあるやうにて
上東門院のおほせ成

聖衆来迎

あらげにや
あの世にも
たらひて
今をとひの
のふよもゝヶ形

56

IZUMI SHIKIBU
(n. 978?)

arazaramu
kono yo no hoka no
omoide ni
ima hitotabi no
au koto mogana

sé que voy a morir,
pero me gustaría llevarme al más allá
un último recuerdo,
¿por qué no me concedes
una última cita?

(Amor, *Goshûishû*)

紫式部は石山にこもりて源氏
京祈折をして源氏
六十帖をはつろく
さしあげ／＼そまつ／＼
なりこのわざぐりよ
ろげのみふつ／＼ド
ごと／＼にとゝれるか
の木すゞふる／＼くか
あろハ秋の月れよ
里れわするまでもくま
なるべし

紫式部
めぐり
あひて
み―や
それ
とも
わかぬ
まに
くも
くもがくれ
にし
夜半の
月か

57

MURASAKI SHIKIBU
(hacia 973-1019)

meguriaite
mishi ya sore tomo
wakanu ma ni
kumo gakurenishi
yowa no tsuki kana

encuentro inesperado:
cuando me preguntaba
si era él o no era,
la luna se ocultó de repente
por detrás de una nube

(Miscelánea, *Shinkokinshû*)

Meguriaite sugiere la idea de "encontrarse por casualidad", pero *meguri*, "circular alrededor", parece aludir al movimiento circular de la luna.

てならひ
習ひ好む人べきこと

手習と事ハ男もをんな
も習ひあり度ことなり
いつうるさる名付ても
いかうむざけれども
なをかしく文字知
久しまそるればおのづ
からなろうふしてもの
おのづ假名草紙など
になひてもめうれむ

太氣三位
有る山
いかの
風を
ぐちかん
と
手本やか
たれ

58

DAINI NO SANMI
(principios s. XI)

arimayama
ina no sasahara
kaze fukeba
ide soyo hito wo
wasure ya wa suru

        desde el monte de Arima
        el viento sopla sin cesar
        sobre los campos de bambú de Ina:
        con la misma insistencia querría olvidarte,
        pero no puedo

               (Amor, *Goshûishû*)

En este poema destaca la aliteración de los sonidos –*sasahara, soyo, wasure, suru*– que evocan el susurro del viento.

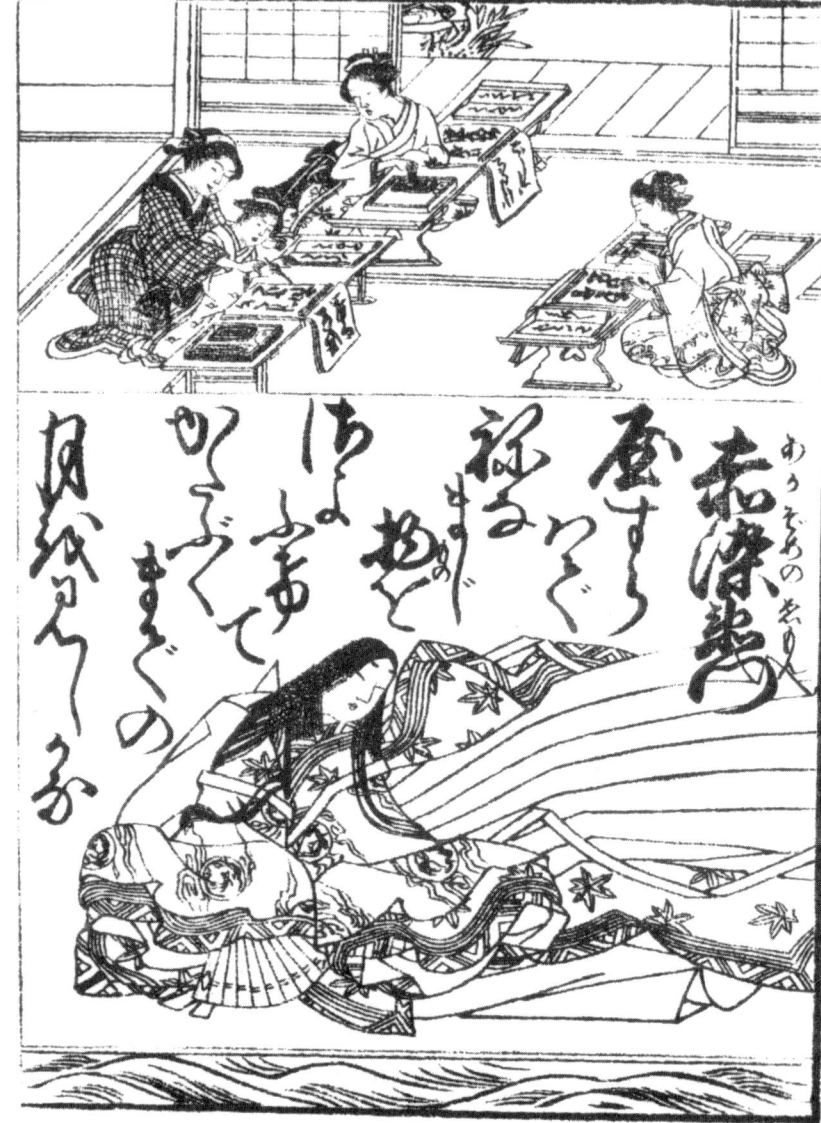

59

AKAZOME EMON
(principios s. XI)

yasurawade
nenamashi mono wo
sayo fukete
katabuku made no
tsuki wo mishi kana

        hubiera preferido
        irme a dormir sin más demora,
        pero pasé toda la noche
        contemplando la luna solitaria
        hasta que se ocultó en el horizonte

        (Amor, *Goshûishû*)

にゆうぐぜう　筆をとる
人／＼つれ／＼なをそゞ
京もつれ／＼支度と
むらも参会のことする
どゞ／＼まぜて女の久幸
うつ／＼くあり／＼さゝ
さるめと刀をいまくを
るめと刀を人／＼人を
ぐく／＼ゆう／＼くらん
ぐく／＼と申／＼くらひ
ものどゞ／＼とものぞう
ふぐきのなゐんく
男のあろをゞせしろ
やあしきんとるゝり

ちうじそ
いまろこそ
ふみも
まだ
見ず
となれば
こちの
いくよく
大江山
小式部内侍

60

KOSHIKIBU
(1000?-1025)

ôeyama
ikuno no michi no
tôkereba
mada fumi mo mizu
ama no hashidate

        por el monte de Oe,
        qué lejos el camino hacia Ikuno...
        no hay ninguna carta,
        ningún paso se ha dado
        para cruzar el Puente Celestial

(Miscelánea, *Kinyôshû*)

Kakekotobas: *ikuno* (nombre propio de lugar e "ir"); *fumi* ("paso" y "carta"). Koshikibu iba a participar en un importante concurso poético y le sugirieron que pidiera ayuda a su madre, Izumi Shikibu, pero ésta se encontraba de viaje, cerca del famoso Ama no Hashidate o Puente del Cielo. Koshikibu quiso demostrar su propio talento e improvisó este poema, aludiendo a la carta no recibida de su madre y al célebre paraje.

さればみかどにもちいうとて
うつくしくてもよきものつき
なきハ人のふかよらりせ
らゝものくらびしきより
名をふた女中によまれつゝ
なくなをほこらるれば
まれ也其おしらうをよろしく
りんぐく立めにてくる男を油
ゆらくくしてさに又事成
きくぬ且又男うみよしを
笑れあり

いろはの姉り

伊勢大輔
（いせのおほすけ）

いにしへの
ならの
やこの
八重桜
けふ九重に
匂ひぬるかな

61

ISE NO TAYÛ
(principios s. XI)

inishie no
nara no miyako no
yaezakura
kyô kokonoe ni
nioinuru kana

en los tiempos pasados,
las flores del cerezo de ocho pétalos
florecían en Nara
y hoy, ¡qué maravilla!, perfuman el palacio
de los nueve recintos

(Primavera, *Shikashû*)

En tiempos del emperador Ichijô, alguien le ofreció una rama de *yaezakura* (especie de cerezo con flores de ocho pétalos) traído de Nara. Alguien le pidió a Ise que compusiera un poema alusivo, y ella trató de expresar que el antiguo esplendor de la corte de Nara había sido superado ya por el de la corte de Heian (Kioto). La palabra *yaezakura* contiene la palabra o prefijo "ocho", frente a la palabra *kokonoe* que utiliza el "nueve" y significa "*nueve capas*", aludiendo a los nueve recintos de la residencia imperial. Algunos críticos añaden que la sílaba *na* de Nara representaría fonéticamente al número siete, con lo que el poema parece sugerir un "crescendo" de prosperidad y belleza.

いろはの四十七文字は弘法
大師涅槃経といふ御
経の四句の文をやわらげ
造り給ひ衆生などもに
よみやすく男女老若を
しらず打誦となへぬれば
のちに色是空の一字へ渡
るなり

色はにほへど
ちりぬるを
わかよたれぞ
つねならむ
うゐのおくやま
けふこえて
あさきゆめみじ
ゑひもせず

諸行無常
是生滅法
生滅々已
寂滅為楽

清少納言

62

SEI SHÔNAGON
(966?-1027?)

yo wo komete
tori no sorane wa
hakaru tomo
yo ni Ôsaka no
seki wa yurusaji

aunque imitéis el canto
del gallo a media noche,
no podréis engañar al centinela,
y nadie abrirá en Osaka
la barrera del Monte del Encuentro

(Miscelánea, *Goshûishû*)

Kakekotoba: *Ôsaka, Ausaka*. Este poema aparece en el *Makura no Sôshi* o "Libro de la Almohada", de la propia Sei Shônagon, acompañado de la siguiente anécdota: tras pasar una noche con ella, el primer secretario interventor Yukinari le envía una carta que dice: "Mi corazón está lleno de recuerdos de la pasada noche, pero las obligaciones me han hecho volver... Me hubiera gustado quedarme toda la noche contigo contándote viejas historias, pero el canto del gallo me forzó a marcharme..." El poema expresa las dudas de ella sobre esa excusa y parece aludir al tema de la infidelidad y de los celos.

行ないろは

むかしはいろはをきりつ々うつ
ひ五十にも四句ぐさとるも
女の業にわかぬやうられ
もろもろの文字をしるが
きもひゞき人ハうまれて
出きて金でハるふす
出きて金でハるふす

イロハニホヘト
チリヌルヲワカ
ヨタレソツネナ
ラムウ井ノオク
ヤマケフコエテ
アサキユメミ
エヒモセス
レ

左京大夫道雅

今はただ
思ひ絶えなむ
とばかりを
人づてならで
いふよしもがな

63

FUJIWARA NO MICHIMASA
(993-1054)

ima wa tada
omoitaenamu
to bakari wo
hitozute narade
iu yoshi mogana

sólo pienso una cosa:
renunciar a tu amor;
si pudiera, yo mismo iría hacia ti
para decirte adiós
definitivamente

(Amor, *Goshûishû*)

Michimasa escribió este poema cuando la corte se enteró de sus amores secretos con la sacerdotisa de Ise, hija del emperador retirado Sanjô, quien ordenó a los guardias que no le permitieran verla, ni siquiera en secreto.

裁板乃口傳

よろづ裁板をきらんに、
くどらのたらけ𛃅八若𛀅
ときくどを持文意せ𛂽
生すのをさんとやちは
らしさぶゞとあゆかの上
そしろべきも小刀たくだう
里針糸とおへ三つゆ乃
上に並そうく𛃅を後木
へさしろく葉の木の
柳のえぐ根𛀅㭭ひぢの
上にぞく小刀をおそ三

檜中納壺形
朝ぐしあ
うぢれ
川房
きりぐ𛃅
わしろ枕
ますろぐ
瀧くの網代木

64

FUJIWARA NO SADAYORI
(995-1045)

asaborake
uji no kawagiri
taedae ni
araware wataru
seze no ajirogi

en el alba invernal
la niebla que levanta del río Uji
deja entrever, aquí y allá,
los postes de las cañas
hincados en el agua

(Invierno, *Senzaishû*)

Este poema, que parece describir un paisaje, puede entenderse como metáfora del círculo de la muerte y el renacimiento. Al amanecer, el movimiento de la niebla hace aparecer y desaparecer las estacas que se utilizan como cerco de pesca. El poema parece indicar también el cambio que se produce en la estética de la naturaleza al final de la época Heian, cuando empieza a valorarse más el paisaje natural que el paisaje ficticio de los jardines de los palacios.

度切中をようちことて
ろくくるく波のやをうけ
こを海ひ女の壱むけ
とまてたの方に参らぶ
楓幹をちるときムえを喈
天福皆束地猫夷濊
一切諸形結今波巳
尾を三遍ま又ムス薾をよ
びて
○ちくくやある神のおしを
よりこそほこのやど
○轆ひめの　ろくひとて
かいくヽが　ようえいと
うろくろそ　ます

相模

うくくむひ
かさね
神ざう
ぬるめを
名きよけん
朽くくし

65

SAGAMI
(mediados del s. XI)

urami wabi
hosanu sode dani
aru mono wo
koi ni kuchinamu
na koso oshikere

es tanta mi tristeza
por tu desdén, que ya no puedo
secar mis lágrimas,
he perdido tu amor
y mi reputación

(Amor, *Goshûishû*)

○あさ日さすありしの
　ゑれおゝへひそおと
　のうぎぞゞそろる
　すいそだのやしろ付
　け高とゝむべー

○ほの風ふきぬ花のえひ
　そゝぬらて八日を
　付とさゝんさうり
　清明流お裁悪日
　ほちのとのきめの分のと
　付目男は名おろぶべ次
　きの〳〵さろ かの〳〵さろ
　付目女の衣るんさろ

花大衛門幻寺
もろともに
あゝれと
おもへ
山ざくら
花より外に
しる人もなし

66

ABAD MAYOR GYÔSON
(1055-1135)

morotomo ni
aware to omoe
yamazakura
hana yori hoka ni
shiru hito mo nashi

¡oh, comparte conmigo
lo que siento, cerezo de los montes,
porque sólo tus flores
conocen el secreto
de mi agitado corazón!

(Miscelánea, *Kinyôshû*)

El poema expresa el contraste entre la longevidad de los pinos de la montaña y la fugacidad de las flores del cerezo, que el poeta compara con la vida humana.

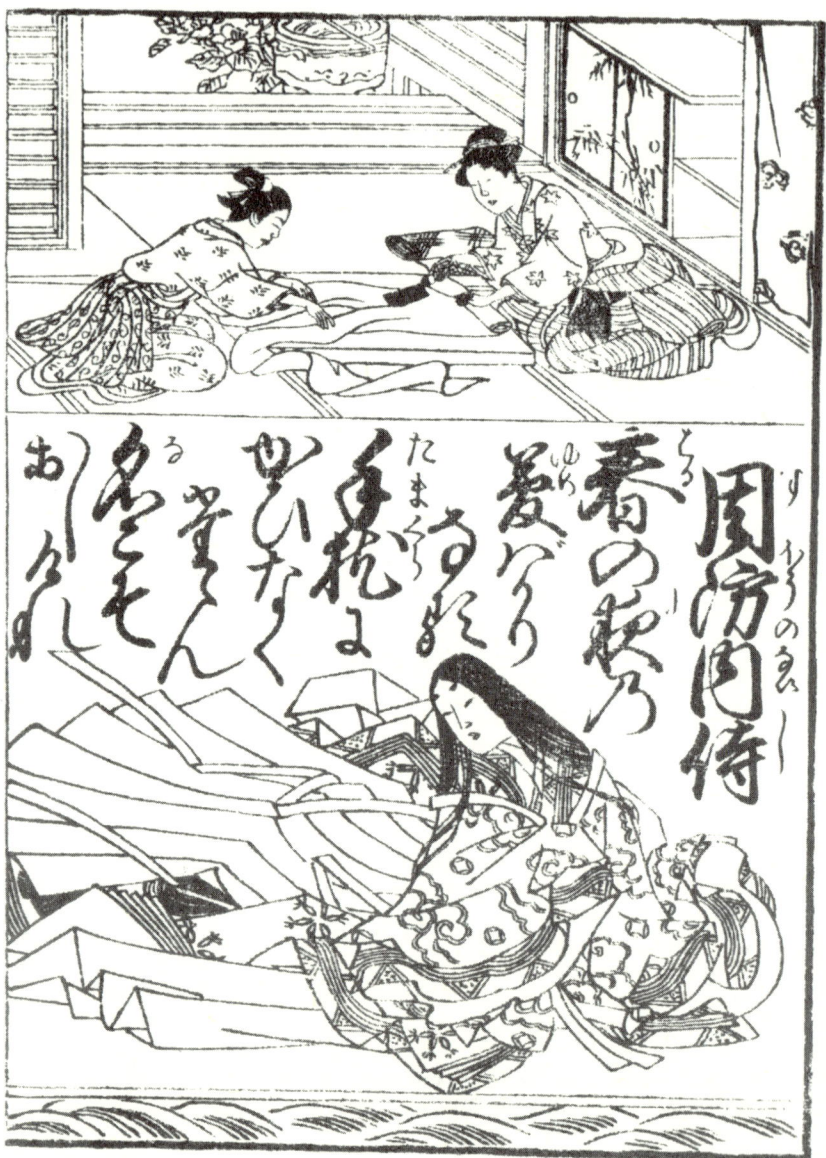

周防内侍

春の夜の夢ばかりなる手枕に
かひなくたゝむ名こそおしけれ

67

SUÔ
(finales del siglo XI-principios del siglo XII)

haru no yo no
yume bakari naru
tamakura ni
kainaku tatamu
na koso oshikere

noche fugaz de primavera:
si apoyo mi cabeza
sobre su brazo en la penumbra,
esa almohada inocente
será la muerte de mi reputación

(Miscelánea, *Senzaishû*)

Kakekotoba: *kaina* significa "brazo", pero cuando se lee *kahi naku* significa "sin sentido", "inútil". En la nota introductoria del *Goshûishû*, se dice: "Compuesto alrededor del segundo mes, una noche que la luna brillaba. Había mucha gente pasando la noche en el Nijô In, hablando de esto y aquello. La autora, medio reclinada, dijo suavemente: '¡Cómo me gustaría tener una almohada!' El Consejero Medio Tadaie le ofreció su brazo, y ella compuso este poema..." Parece que Tadaie se hizo ilusiones, pero ella quiso dejarle claro que esa situación sólo había sido como un breve sueño de primavera.

べうだい月あかき時
ひろ人もおを人を
いざ

あたらしきとしの
はるそ向ふ方れす
春ハ辰の方ちう
夏ハ戌の方（あき）
秋ハ戌の方当冬ハ丑れ方
れれるとりむかひ
てあるといきとの
きそをむそいけるなり
さいまひ有そうし

三條院
おくらあとふ
うれ世の
こひするべき
夜半月のお

68

EMPERADOR RETIRADO SANJÔ
(976-1017)

kokoro ni mo
arade ukiyo ni
nagaraeba
koishikarubeki
yowa no tsuki kana

si, contra mi deseo,
debo seguir viviendo largo tiempo
en este mundo efímero,
déjame recordar esta noche
y este claro de luna

(Miscelánea, *Goshûishû*)

La nota introductoria del *Goshûishû* dice: "Cuando él no se sentía bien, habida cuenta de su abdicación, miró la luna, su brillo, y escribió este poema".

能因法師

あらしふく
三室乃
山の
もみぢ葉は
たつた川の
にしきなりけり

69

MONJE NÔIN
(n. 988-?)

arashi fuku
mimuro no yama no
momijiba wa
tatsuta no kawa no
nishiki narikeri

    la ráfaga de viento
    de la montaña de Mimuro
    arrancó y dispersó las hojas de los arces
    y ha revestido al río Tatsuta
    con un rico brocado

(Otoño, *Goshûishû*)

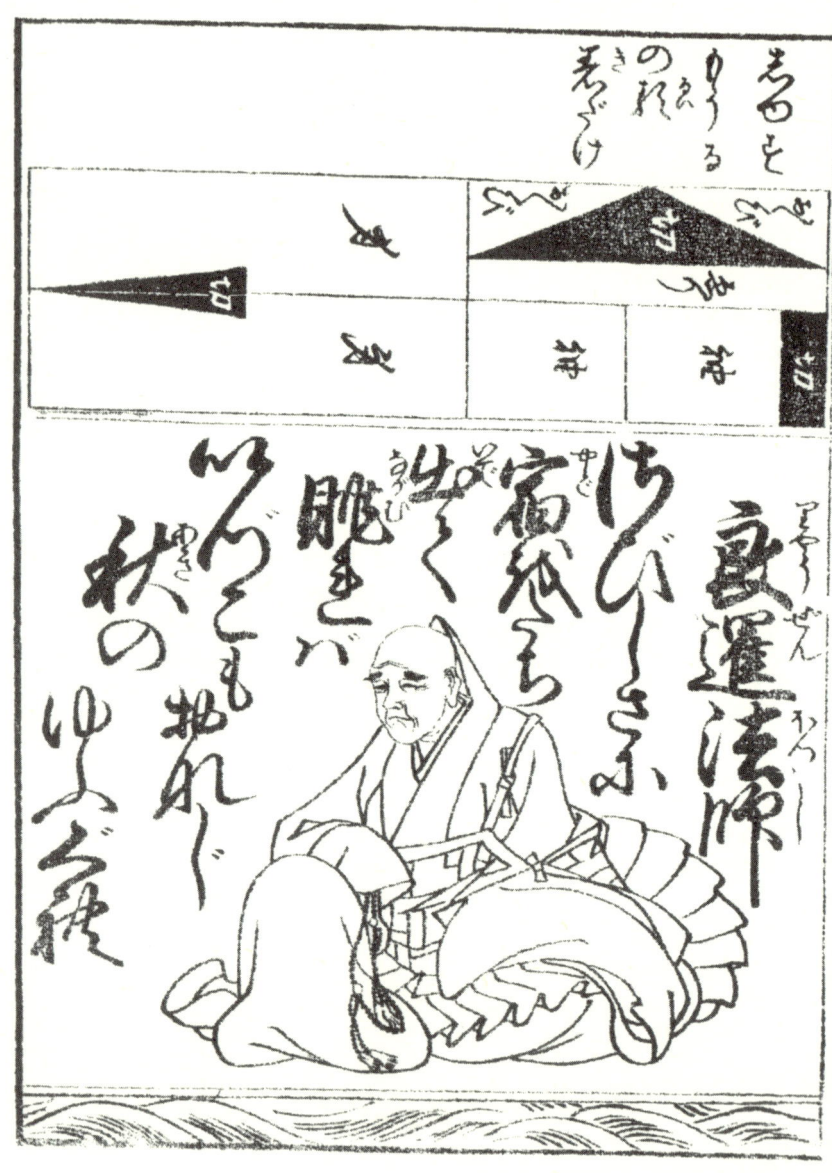

70

MONJE RYÔZEN
(mediados del s. XI)

sabishisa ni
yado wo tachiidete
nagamureba
izuko mo onaji
aki no yûgure

en mi triste retiro,
salgo de mi pequeña choza
y cuando miro alrededor
no veo nada más
que el solitario atardecer de otoño

(Otoño, *Goshûishû*)

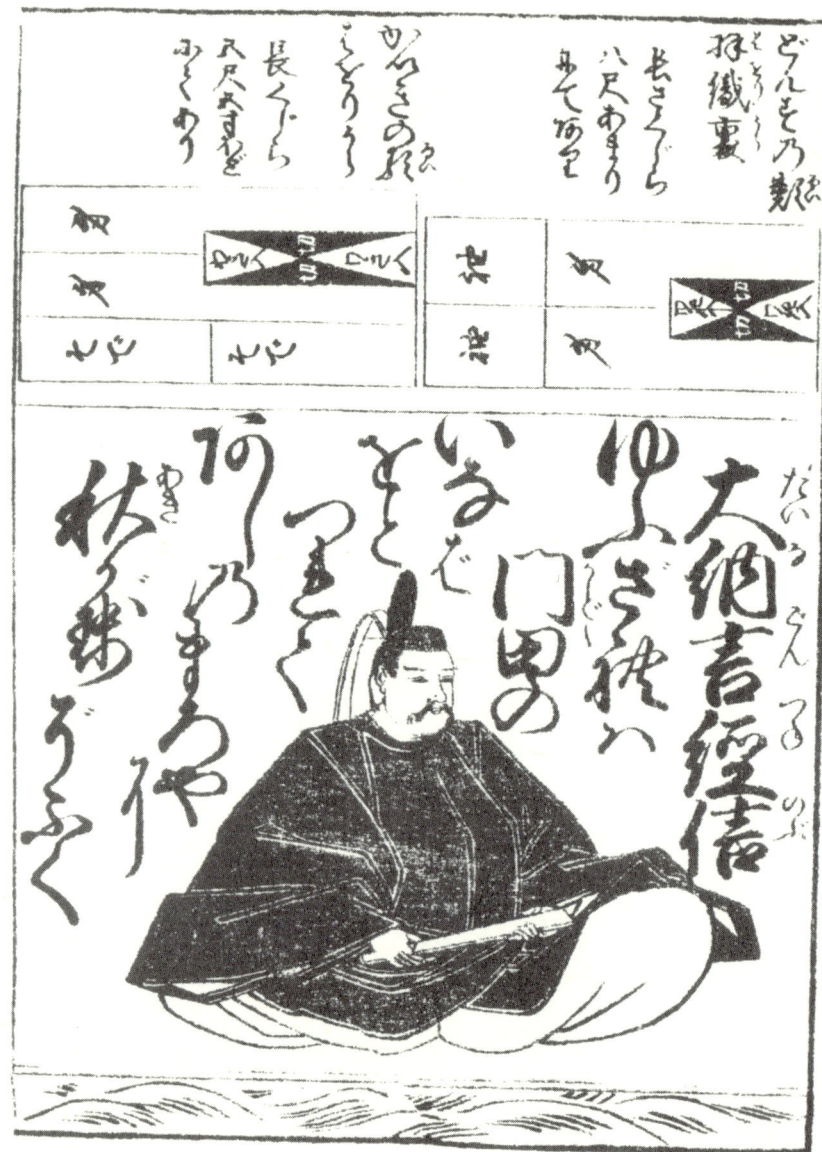

71

MINAMOTO NO TSUNENOBU
(1016-1097)

yû sareba
kadota no inaba
otozurete
ashi no maroya ni
akikaze zo fuku

anocheciendo
oigo un ruido de hojas
en mi campo de arroz...
en mi choza de caña,
sólo el viento de otoño...

(Otoño, *Kinyôshû*)

Kakekotoba: *otozurete* ("sonido de roce" y "venir a visitar"). Se supone que el poeta está esperando la visita de alguien, pero, en su ansiedad, confunde el sonido del viento sobre las plantas con los pasos de alguien que se acerca.

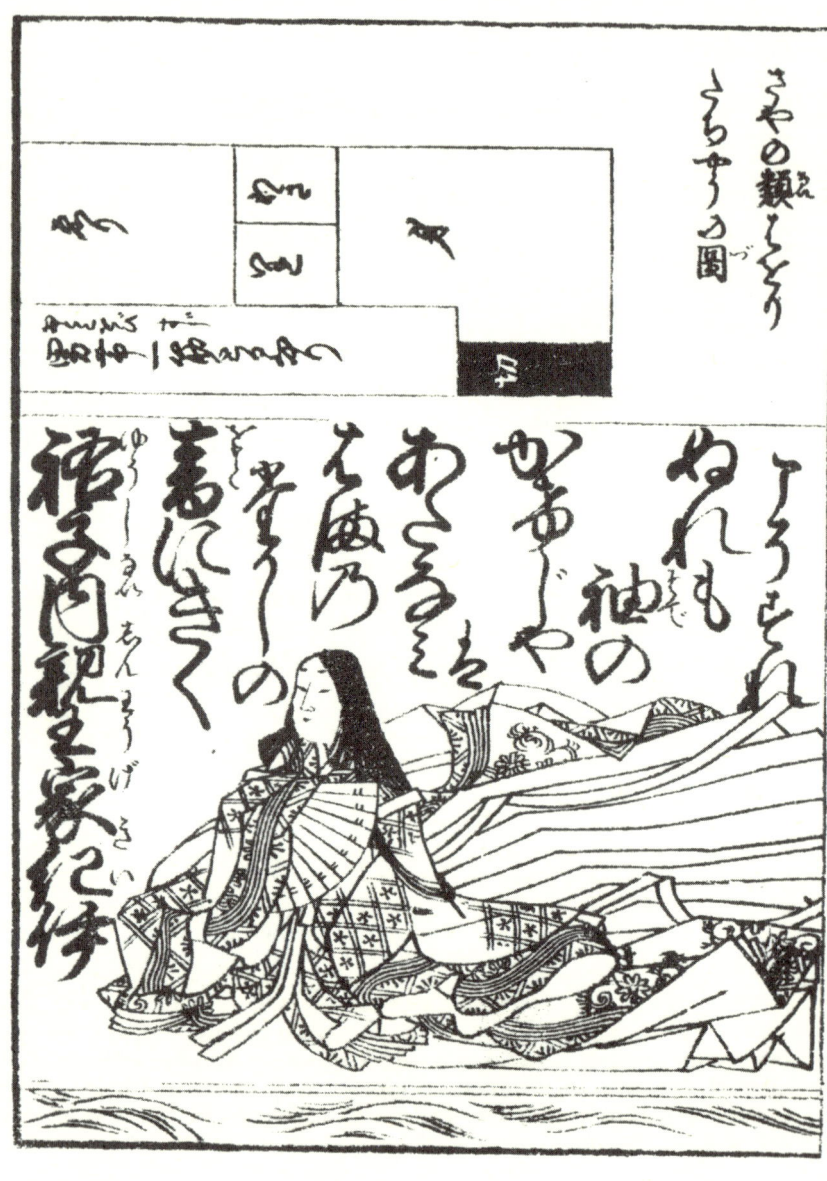

KII
(mediados del s. XI)

oto ni kiku
takashi no hama no
adanami wa
kakeji ya sode no
nure mo koso sure

son famosas las olas
que rompen en la playa de Takashi
con furioso estruendo,
si tuviera que ir hacia esa costa
procuraría no mojar mis mangas

(Amor, *Kinyôshû*)

Takashi no es sólo un nombre de lugar sino también un adjetivo que significa "alto" y que se refiere al sonido, en este caso al clamor que provocan las infidelidades del amante al que está dirigido el poema, que ella compara con el estruendo de las olas.

三幅のもとり
うへおそあめんざら
きよ武人あまりねとり
あり奴に二すゑられとゝ
すゑうのまゝ〜なり

花のちうるぐん まさふさ
赤井絶壽直房
たかさご
高砂を
おの〜
さく
唉よ〜り
いちく
ともまの
くも〜に
盞〜に〜も
わ〜るん

73

ÔE NO MASAFUSA
(1041-1111)

takasago no
onoe no sakura
sakinikeri
toyama no kasumi
tatazu mo aranamu

en la ladera
del alto Takasago
han florecido los cerezos,
¡oh niebla de los montes cercanos,
déjanos ver ese prodigio!

(Primavera, *Goshûishû*)

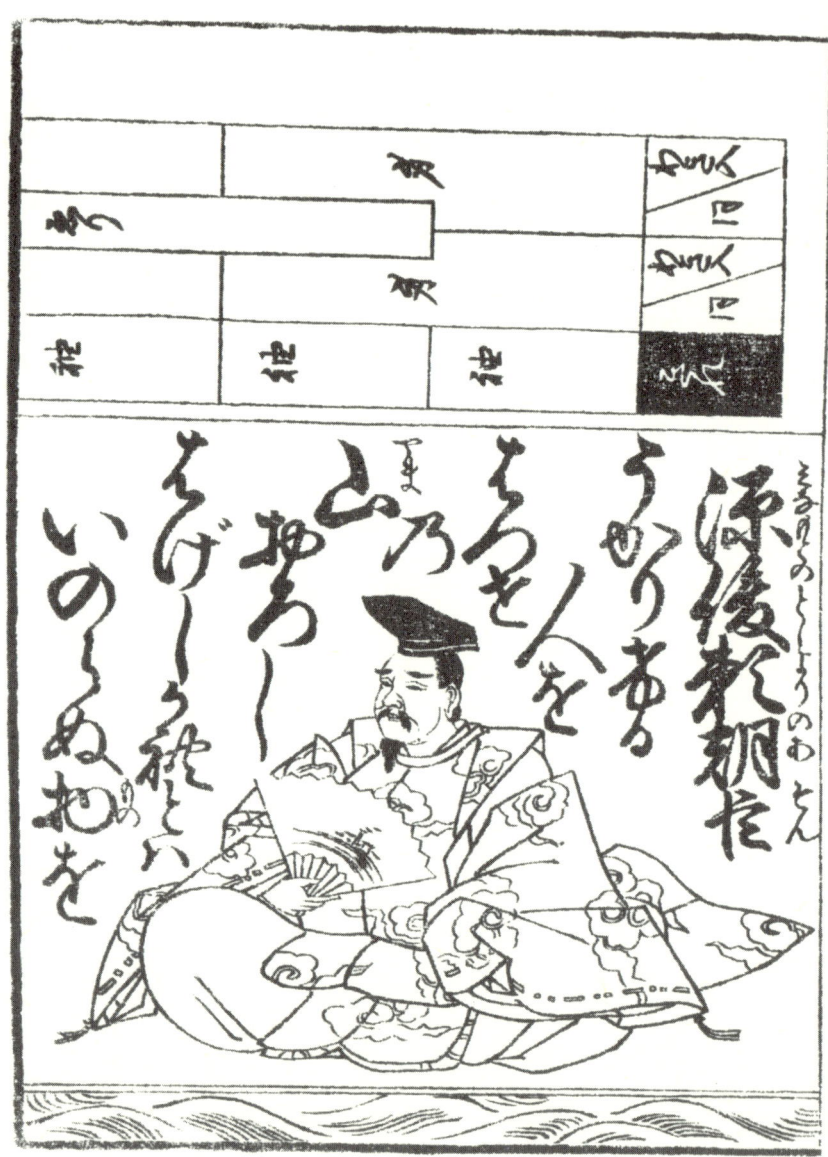

74

MINAMOTO NO TOSHIYORI
(1055-1129)

ukarikeru
hito wo hatsuse no
yamaoroshi yo
hageshikare to wa
inoranu mono wo

"¡que sea tan despiadada
como las tormentas de Hase!":
no fue precisamente eso
lo que le fui a pedir
a la deidad del santuario...

(Amor, *Senzaishû*)

Hatsuse era la casa del templo Hase, lugar de peregrinación muy frecuentado por los amantes. *Hatsuse no yama oroshi* es una *makurakotoba* que se refiere a la crueldad. En este caso, al viento, a la tempestad.

| 祝 | 祝 | 書 |

一、麻上下ばかり 上六尺九寸 下幕まで九寸

一、長上下けつもり 上右同じ 下三丈四尺
四尺八寸六ぱひ六尺たけひまちり

一、素袍のほもり
上文三尺下弐丈四尺
外三四尺五寸ひと
弐尺七寸弐ぼう六ぱ
下四尺八寸六ぱたけ八すり
そう段合弐丈七尺

藤原基俊

契りをきし
させもが
露を
命にて
あはれ今年の
秋をいぬめり

75

FUJIWARA NO MOTOTOSHI
(1060-1142)

chigiri okishi
sasemo ga tsuyu wo
inochi nite
aware kotoshi no
aki mo inumeri

como rocío
sobre una planta ardiente,
así fue tu promesa,
ha pasado ya un año
y se va un nuevo otoño

(Miscelánea, *Senzaishû*)

En la nota introductoria del *Kinyoshû* —reproducida en el *Senzaishû*— se dice que este poema fue escrito por Mototoshi como queja ante el canciller principal, Tadamichi, por haber humillado al abad Kôkaku, hijo del poeta, prohibiéndole oficiar ese año como lector en la ceremonia de *Vimalakirti*. El canciller contestó que no era asunto suyo, pues era un novicio más del monasterio budista de Hosshôji.

一、裁をのぐすハあら
まし圍紙いぞすと
いでをを清すふ老けて
て五丈をあぐらしなば
いふ事あると勝るもの
ゆうにたる事をものく
もらくきる絹紙く
くをるぐし女中此業
ハ紡績でとくといひあぐそ
裁継が於要なりいて
けわきこうわげぅビ

松きらしら渡
そらぬまぐふ
久らくろ
これが
あだ出く
まぞこのつ
沖洋洋
津津等道範圍更紀大臣

76

FUJIWARA NO TADAMICHI
(1097-1164)

wata no hara
kogüdete mireba
hisakata no
kumoi ni magou
okitsu shiranami

cuando salgo a altamar
y miro alrededor, sobre el inmenso océano,
parece que las olas,
tan blancas, a lo lejos
se mezclan con las nubes

(Miscelánea, *Shikashû*)

崇徳院

瀬をはやみ岩にせかるる滝川のわれても末にあはむとぞ思ふ

77

EMPERADOR RETIRADO SUTOKU
(1119-1164)

se wo hayami
iwa ni sekaruru
takigawa no
warete mo sue ni
awamu to zo omou

aunque la rápida corriente
sea dividida por las rocas
que retienen su curso,
sé que las aguas volverán a correr
para unirse de nuevo

(Amor, *Shikashû*)

弄讀方初心の事

一弄よミ方そもそもふるくよりこれなりしにおさなき事ながらそれよりなげきあらわれ弄人のくるしミをさるひとく弄を考へをふくの弄を出してあらわれく地ぼくわきハおのづから四季の折ぐ々神祇釈教意至至それくくの弄みるまぐとくのふたとなりびうういまろ弄めのすゑこ

源義昌
淡路鴻
ちどうの
なく聲よ
いく歌詠さわれ
もていき雲峯

78

MINAMOTO NO KANEMASA
(principios del s. XII)

awajishima
kayou chidori no
naku koe ni
ikuyo nezamenu
suma no sekimori

¡cuántas noches
los chorlitos que emigran
hacia la isla de Awaji
le habrán quitado el sueño
al guardián de Suma!

(Invierno, *Kinyôshû*)

Kakekotoba: *awaji* (nombre de lugar y "no nos encontraremos").

らく和げてのちそれ家
の秘する所きな成集
めんとてあへてたとへ
ふれふぶりさりーざいりく
も事おもうえねばどく
古奇をれほく笑く
見代どまれいはれ
出うりのくそれ奇
成為の堂二十二家
の奇と詮じめひやうり
ちぐまれりされ八奇のほ

左京大夫顕輔

秋風に
たなびく
雲の
たえ間より
もれ出る月の
影のさやけさ

79

FUJIWARA NO AKISUKE
(1090-1155)

akikaze ni
tanabiku kumo no
taema yori
moreizuru tsuki no
kage no sayakesa

entre las nubes
que empuja el viento del otoño,
mira cómo la luna
radiante y fría se abre paso
flotando sobre el cielo

(Otoño, *Shinkokinshû*)

とそれ／＼人の心をゆう／＼げ
男女の婦もありけき
りのふのも月になぐねん
神ょ名とそゝせ虎の
人も前の世よりく
をとうたろしたら
おしかたつくめに
てえをに年よりそ
の有そ末代を名と
そも花を見月と船
ても人もくねおとへ
寺の乃につじいまゝ

物と
けきは
みずさは
くろうの
むも
あぐら母
待賢門院堀川

TAIKEN MON-IN NO HORIKAWA
(principios del s. XII)

nagakaramu
kokoro mo shirazu
kurokami no
midarete kesa wa
mono wo koso omoe

¿durará siempre nuestro amor?
¡no lo sé!,
por eso hoy mis pensamientos
están tan enredados
como mi negro pelo

(Amor, *Senzaishû*)

あぬ人もやけーくめ
くしらもくやしさとや
るんともものざうしとや
なくきりのくほてんに
らぬおのことももう
めでものうかきの産ぎ
屋どごけへあのづーみ
ぐ中さーくあいさんも
あへーくくぐけれ
くももよちーくるべー
言ととまんーるべー
よ付てえんのゑぷええ
うの玉と悲むべーえん

ほとくゑしーさゑん
後徳大寺左大臣
ほしーしざゑ
ホしーゞざゑに
みき
ほる
うなが
ながれい
きぐ有即乃
ありあけ
月そのこ袂ぬ

81

FUJIWARA NO SANESADA
(1139-1191)

hototogisu
nakitsuru kata wo
nagamureba
tada ariake no
tsuki zo nokoreru

¡canto del cuco!
cuando volví mi rostro
hacia donde cantaba,
lo único que vi fue la pálida luna
en el cielo del alba

(Verano, *Senzaishû*)

道周法師

たのひま老
いのちハ
あるものを
うきみをしぬ
みぢかくなるとなり

MONJE DÔIN
(1090-1182?)

omoiwabi
sate mo inochi wa
aru mono wo
uki ni taenu wa
namida narikeri

        a pesar de la pena
        que me ha causado tu crueldad,
        aún me queda la vida,
        pero me es imposible
        contener las lágrimas

(Amor, *Senzaishû*)

世乃中よ
みちこそ
なけれ
おもひ入
山の杦くゆを
鹿ぞなくなる

皇太后宮大夫俊成

句の丁一字と二の句
の丁一字くもさうる
ときうつすなり
一毎句におれ/\か
りの以さらふあり
一口公己ハ六とそく
そははぶかるうこと
あすなり一きの門すぎ
といふて一きの門にすぎ
さしけ丁とさらふあり
一れ思といふて上の句
の丁一字くかけもの
丁一字くおれ下字
とさらふすなり

83

FUJIWARA NO SHUNZEI
(1114-1204)

yo no naka yo
michi koso nakere
omoiiru
yama no oku ni mo
shika zo naku naru

busqué refugio lejos,
en la profundidad de estas montañas,
pero aun aquí
escucho día y noche
los bramidos del ciervo

(Miscelánea, *Senzaishû*)

Kakekotoba: omoiiru ("estar dentro de la montaña" y "pensar profundamente").

一 欄縣といふて𥘉の人
りどのおくりのま𛂞と日
めのあくりの一まて日
ド𛂞ま宇とき丶丶之
一泣鳴として上の句
のおくりと下の句
ありと𛂞一字運て
一長寄穏寄旗訊
寄折白𦙾俤根
年寄當冠編迎
信訊寺訊處訊の
やうこひでろふくり
くもろに

藤原清輔朝臣

ふぢハらのきよすけのあそん

ながらへは
この
こでろや
いまの
うき世そ
いま
あひし㐂

ながらへは
この
頃や
また
しのばれむ
うしと見し世ぞ
今は
こひしき

84

FUJIWARA NO KIYOSUKE
(1104-1177)

nagaraeba
mata konogoro ya
shinobaremu
ushi to mishi yo zo
ima wa koishiki

si vivo muchos años,
deberé recordar en el futuro
estas horas felices,
igual que ahora recuerdo
las amarguras del pasado

(Miscelánea, *Shinkokinshû*)

旋頭歌

右三十一字のうちはじめ
一句くいてそのあまりなり

あさがほの
混れる野辺を
折花のせむ

三十一まれ内を一る
しりしをと一ふ也

俊恵法師

よりすゝ
物にふ
こえい
むり
明して園のひまざく
ほよかうろをなり

85

MONJE SHUN'E
(1113-1190?)

yomosugara
mono omou koro wa
akeyarade
neya no hima sae
tsurenakarikeri

      en otro tiempo
      pasaba, desvelada, las largas horas de la noche
      esperando la aurora;
      ahora, hasta la luz que entra en mi cuarto
      me parece cruel

              (Amor, *Senzaishû*)

Poema en boca de mujer.

たまつでさきとて
たくごの
まんちゃなする
ほうろあれ
千代を
入るまで

当
冠

わかさも
とてゆきる
せきえいす
さひく
さらん

折
句

初の名を入句のよこに
てあろをこといわれ

わるせんれのましとさらそとろ
えんりに至て白しふうてられ
てまつ生しむといえり

西行法師
まひぎろうかうし

あをくとそ
月やは
それはをる
かそら
くれぬろ
口での
をとごうか

86

MONJE SAIGYÔ
(1118-1190)

nageke tote
tsuki ya wa mono wo
omowasuru
kakochigao naru
waga namida kana

                la luna no es culpable
                del rencor que me oprime,
                no, no tiene la culpa,
                alzo los ojos y la veo
                a través de mis lágrimas

(Amor, *Senzaishû*)

MONJE JAKUREN
(1139?-1202)

murasame no
tsuyu mo mada hinu
maki no ha ni
kiri tachinoboru
aki no yûgure

        las hojas del abeto
        rezuman la humedad
        del último aguacero
        y la niebla se alza desde el valle:
        atardecer de otoño

(Otoño, *Shinkokinshû*)

Maki corresponde a un tipo de abeto, conocido como el "abeto negro chino", emparentado con el cedro japonés o *hinoki* (criptomeria sp.).

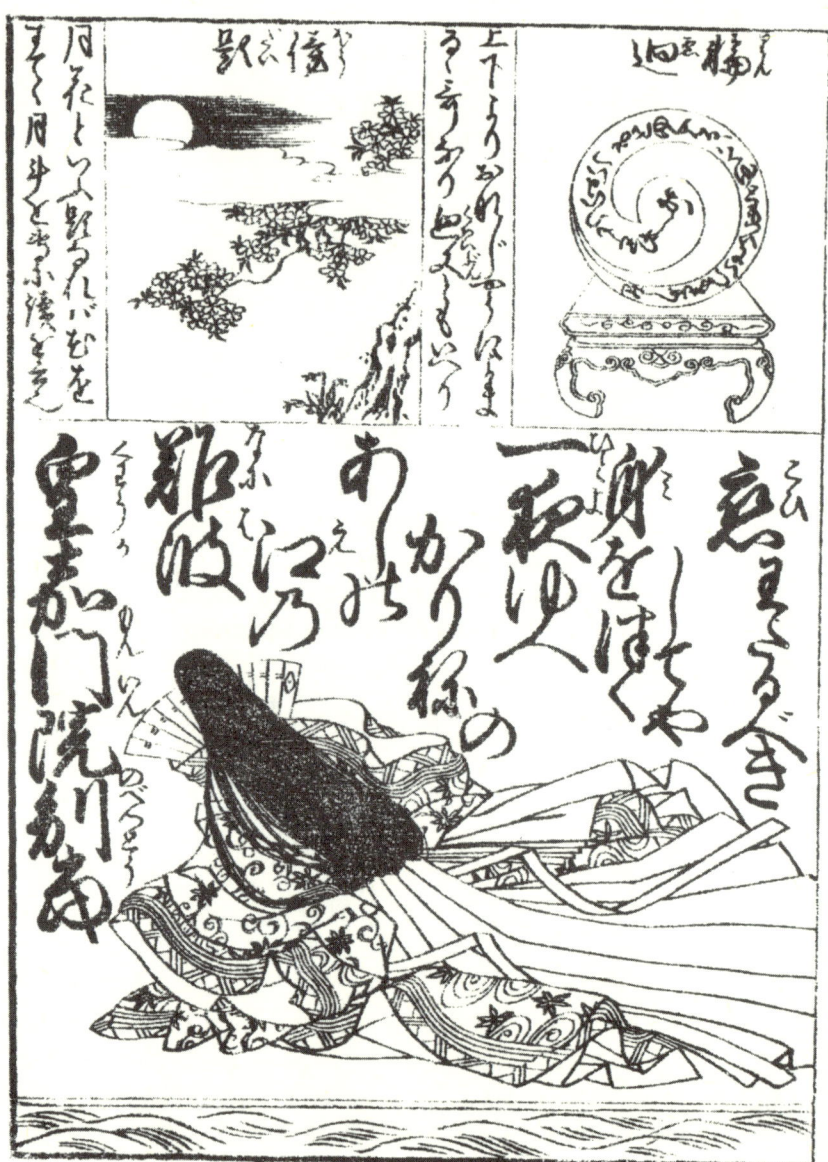

BETTÔ
(finales del s. XII)

naniwae no
ashi no karine no
hitoyo yue
mi wo tsukushite ya
koi wataru beki

por una sola noche
corta como el espacio entre los nudos
del bambú de Naniwa,
¿debo seguir languideciendo,
cautiva de su amor?

(Amor, *Senzaishû*)

Kakekotobas: *karine* ("raíz cortada" y "echar una cabezadita"); *hitoyo* ("espacio entre nudos de bambú" y "una noche") (ver poemas 19 y 20); *mi wo tsukushite* ("aunque se consuma mi cuerpo" y "marcas de madera") (ver poema 20).

歌仙貝づくしの圖

たて筆貝
かひらうえい
うきよの濱乃
そぐれ貝
風のそよろぞ
いそぎ乱ろえ

右、忍貝
うはのそら
いそぞとなの
わすれ貝
こそれすんくる
松うへの露

左、梅花貝
玉風よきよ
ゆりうんきう
のくん
濱ずきの玉の
毒のそれ貝

式子内親王

玉の緒よ絶えなば絶えねながらへば
忍ぶることの弱りもぞする

89

PRINCESA SHOKUSHI
(m. 1201)

tama no wo yo
taenaba taene
nagaraeba
shinoburu koto no
yowari mo zo suru

¡hilo precioso de mi vida,
si has de quebrarte, hazlo ahora,
porque, si sobrevivo,
no podré ya ocultar por mucho tiempo
este amor que me va consumiendo!

(Amor, *Shinkokinshû*)

右二　花貝
えぞれうづ
さく浜のやら
らのぐもるも
ちよの花貝や

左三　桜貝
伊勢のうミ
玉のうらうの
かひひろうの
そめいろか

右三　きすい貝
もだそもち
まきうの小貝
いろのそめらは
いすやゝかな

いろかふるで
なれしに
ぬれたぞ
袖さふも
あまれ
としゝ海の
只零ぞやか
殻届ロ院大輔

INPU MON-IN NO TAYÛ
(1131? –1200?)

misebaya na
ojima no ama no
sode dani mo
nure ni zo nureshi
iro wa kawarazu

me gustaría decirle:
"mis mangas se empaparon
como las de los pescadores
de la isla de Ojima,
pero las mías han cambiado de color"

(Amor, *Senzaishû*)

El cambio de color alude a las lágrimas de sangre, que denotan un cambio de sentimientos, más que desesperación o tragedia.

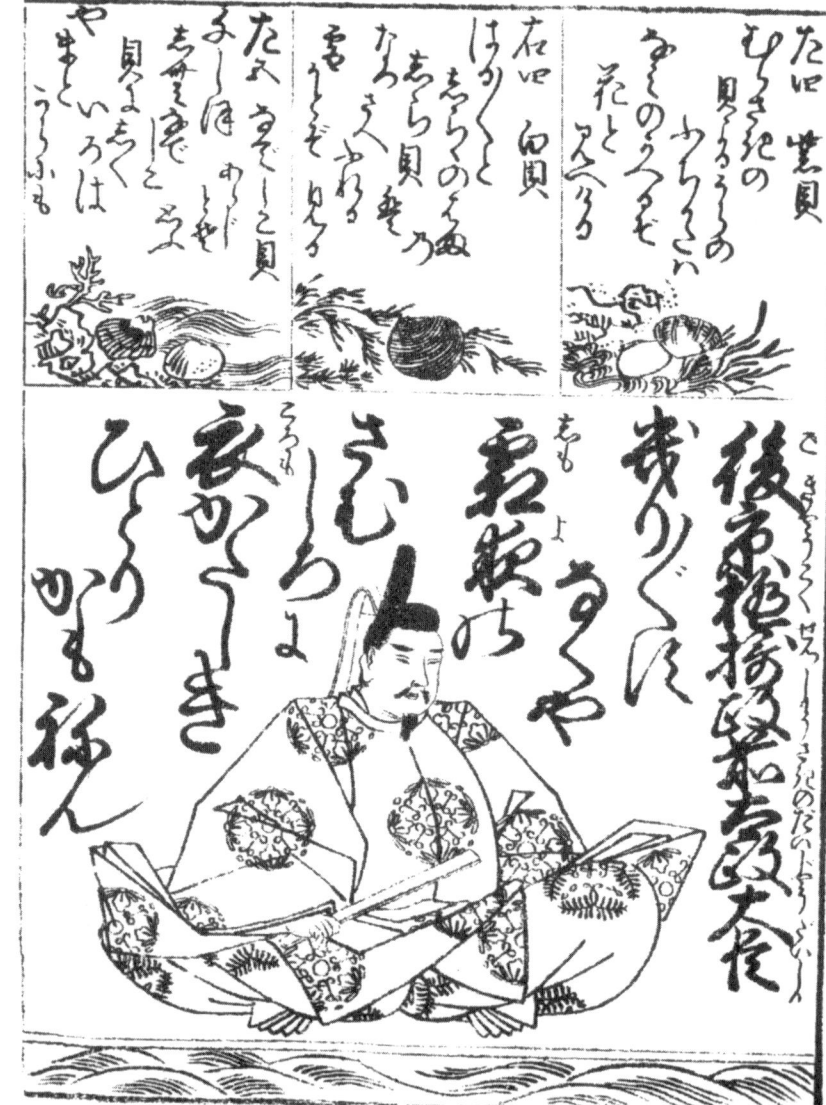

91

FUJIWARA NO YOSHITSUNE
(1169-1206)

kirigirisu
naku ya shimoyo no
samushiro ni
koromo katashiki
hitori kamo nemu

oigo cantar al grillo
en la noche de escarcha;
sobre la fría esterilla;
arrebujado sobre mi propia ropa,
¿tendré que dormir solo?

(Otoño, *Shinkokinshû*)

92

NIJÔ IN NO SANUKI
(1141?-1217?)

waga sode wa
shiohi ni mienu
oki no ishi no
hito koso shirane
kawaku ma mo nashi

        como roca en el mar,
        oculta incluso en la marea baja,
        así están de húmedas mis mangas:
        ni un instante están secas,
        pero nadie lo nota

        (Amor, *Senzaishû*)

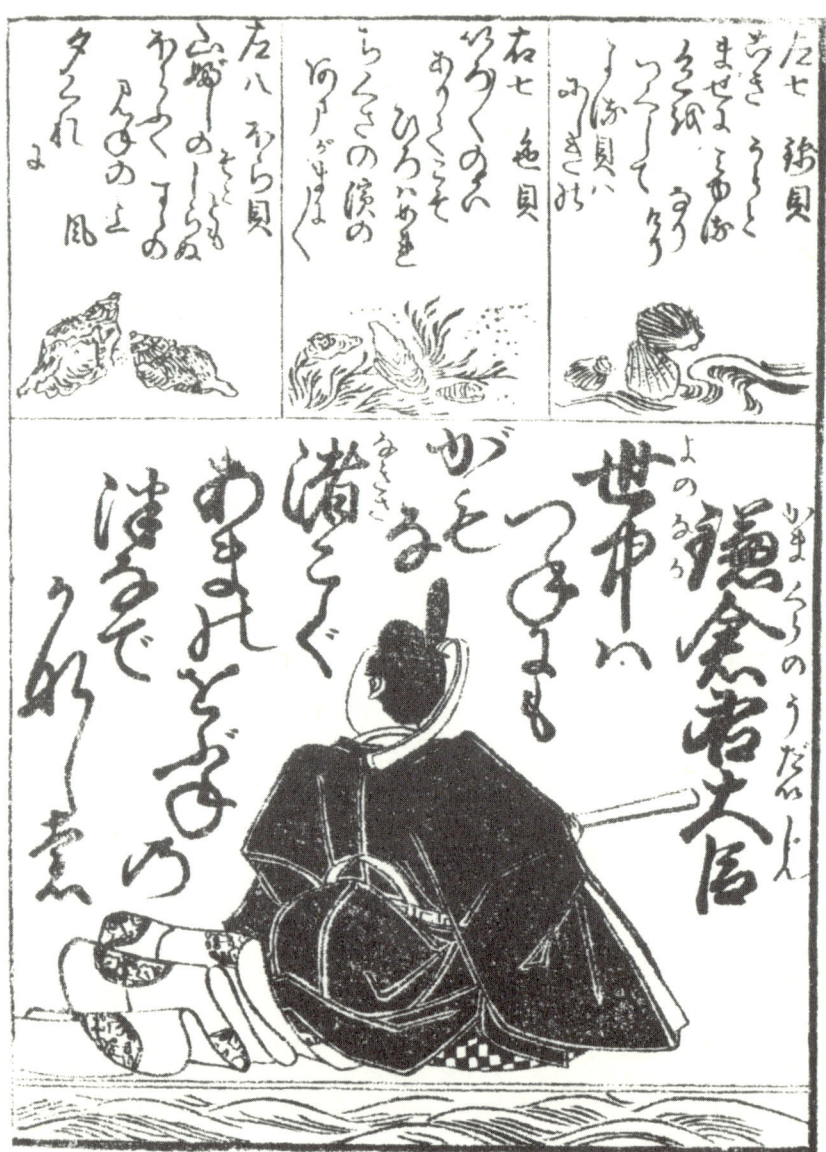

MINAMOTO NO SANETOMO
(1192-1219)

yo no naka wa
tsune ni mogamo na
nagisa kogu
ama no obune no
tsunade kanashi mo

en este mundo
que parece inmutable,
¡oh, qué conmovedor
ver los barcos de pesca
bogando en la corriente!

(Viaje, *Shinchokusenshû*)

El poeta pone el énfasis sobre lo efímero, valorándolo, como si quisiera ver siempre el paisaje real.

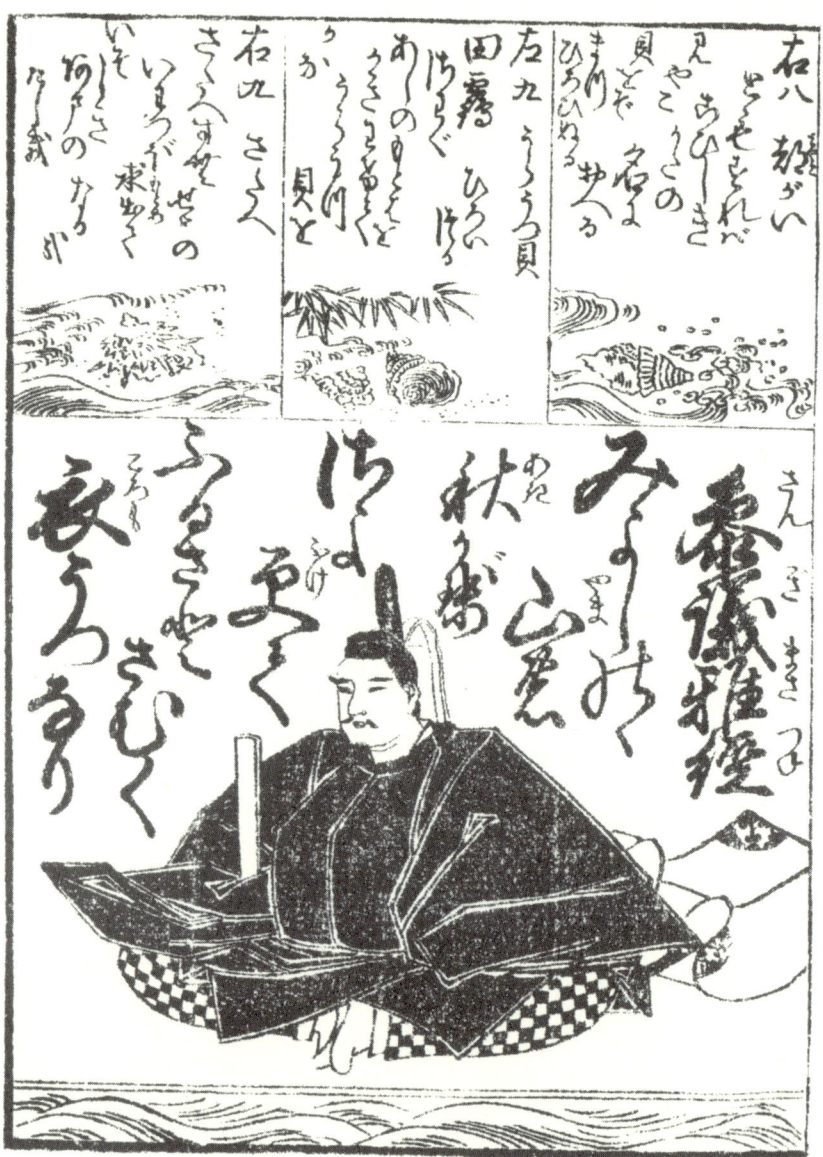

FUJIWARA NO MASATSUNE
(1170-1221)

miyoshino no
yama no akikaze
sayo fukete
furusato samuku
koromo utsu nari

del monte Yoshino
baja una ráfaga otoñal;
en la noche profunda
la antigua capital tiembla en el frío:
se oye un batir de ropa

(Otoño, *Shinkokinshû*)

La palabra *samuku* se refiere a la capital, que es fría, y al sonido frío que producen los martillos de madera sobre la ropa, a fin de ablandarla.

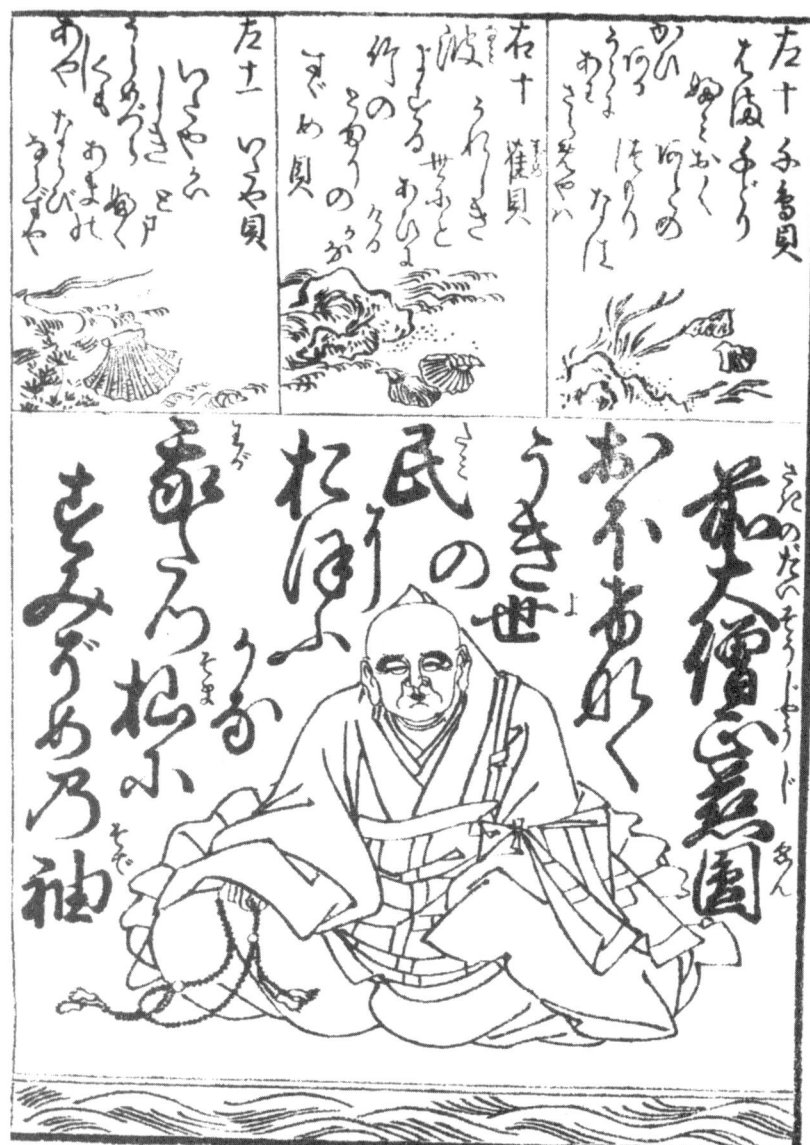

ABAD MAYOR JIEN
(1155-1225)

ôke naku
ukiyo no tami ni
ôu kana
waga tatsu soma ni
sumizome no sode

aunque me siento indigno,
aquí, de pie,
junto al árbol de *soma*,
extiendo sobre el mundo desdichado
mis mangas de negra tinta

(Miscelánea, *Senzaishû*)

Este poema es una especie de voto que su autor hace al ser nombrado, en 1192, abad mayor del monasterio principal de la secta Tendai, en el Monte Hiei. *Soma* es un árbol que no crece espontáneamente y que fue plantado en ese monte por el fundador de la secta, Saichô. El poeta, que ha vivido la decadencia de la corte y se ve incapaz de atajar las injusticias, reza para que el pueblo viva y trata de acogerlo bajo la compasión budista. Los hábitos de los monjes son de color negro; de ahí la alusión a las mangas de tinta china.

右 十 あこや貝
あこやの
まつの
る貝のうごを
はきいだして

左 十二 あわび
いつくしき
ろひ扱るや
なくて世のさの
あほひの

太 十二 のさーがい
我神はいつの
なくなへの
ひくへの
ことも くし貝
なふふ わん
しほれ てよ

入道前太政大臣
花さそふ
あらしの
庭の
雪ならで
ふりゆくものは
わがみ
なりけり

96

FUJIWARA NO KINTSUNE
(1171-1244)

hana sasou
arashi no niwa no
yuki narade
furiyuku mono wa
waga mi narikeri

no, no es la nieve de las flores
que esparció la tormenta
sobre el jardín, sino la nieve
que el paso de los años
fue derramando sobre mi cabeza

(Miscelánea, *Shinchokusenshû*)

左十三　うつせ貝

なくなくも
これはまことの
うつせ貝
うつし心は
あらざりけるを

右十三　もぬけ貝

のかれぬる
うつをやなるらん
のちはいかが
なりそぬらん

左右　あさり

いせのうみに
つりするあまの
うけなれや
心ひとつを
さだめかねつる

権中納言定家

こぬ人を
まつほの
うらの
ゆふなぎに
やくやもしほの
みもこがれつゝ

97

FUJIWARA NO TEIKA
(1162-1241)

konu hito wo
matsuo no ura no
yûnagi ni
yaku ya moshio no
mi mo kogaretsutsu

como el alga salada
ardiendo en el sereno atardecer
sobre la playa de Matsuo,
así yo me consumo
mientras espero al que no llega

(Amor, *Shinchokuseshû*)

Kakekotoba: *matsuo* (nombre de la playa y "esperar", *matsu*). Este poema está escrito en boca de mujer. Antiguamente, para extraer la sal, se quemaban las algas, se echaban las cenizas en el agua y se hervía ese agua, que, al evaporarse, dejaba aparecer la sal.

六十四 蛤貝

いかつの
うろの
うろつれて
ひろひて

右丈 おおうろ
そのかれ
そのの貝
うつみ
つきれ
すつ
オバはれ甘
の

右丈 くろ貝
そのをつる人ハ
うさぎさの
くうろびい
あられ
けわく
うりとそ

正三位敦隆

とろく
風きゝく
つるの
小川
ゆうぐれハ
みそきそ
かよし
きりなりきる

FUJIWARA NO IETAKA
(1158-1237)

kaze soyogu
nara no ogawa no
yûgure wa
misogi zo natsu no
shirushi narikeru

al caer la tarde,
el viento entre los robles del río Nara
parece ya de otoño,
pero las abluciones nos indican
que todavía es verano

(Verano, *Shinchokusenshû*)

Misogi es una especie de ablución. Cuando empieza el verano, se celebra la ceremonia de purificación del sexto mes del calendario lunar, conocida como *mina-zuki-barae*, para limpiarse de los pecados de la primera mitad del año, incluidos los amores ilícitos. *Kakekotoba*: *Nara* es el nombre del río, pero significa también "roble".

左十六 あこの
海きよや
うらうらく
ひろふ
玉ともも
うーーきを

右十六 みそへの
江のうらに
アンそ貝
ひろふ
人も
しうるいよう

右十七 蛤
今けごーかくさ
のうーくしゐぐり
松貝あるしとそ
みふなり
ふ

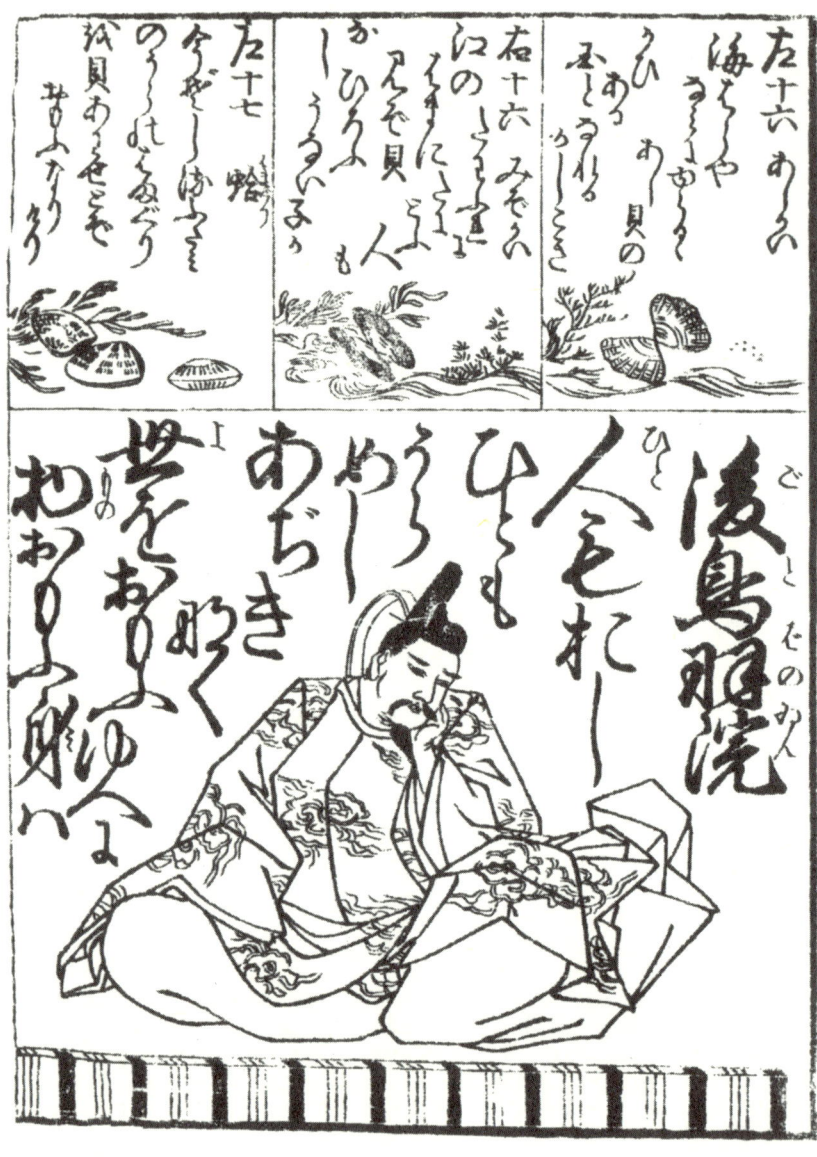

後鳥羽院　ごとばのゐん

人をれー
ひきも
うら
やし
あぢき
世をおり
れわりそ

99

EMPERADOR RETIRADO GOTOBA
(1180-1239)

hito mo oshi
hito mo urameshi
ajikinaku
yo wo omou yue ni
mono omou mi wa

hay gente a la que amo
y gente a la que odio,
pero ya todo me parece absurdo;
aunque pienso constantemente en este mundo,
en realidad, nada me importa

(Miscelánea, *Shokugosenshû*)

右七 蜆貝
もちづきのこるくまなくてり渡るあまくだれたる首ひとつ

左十八 小貝
かい芦のうへにさきたらに和のほとくひろけん

右十八 よくきぢ
思っぴ代のふミーくろん雨か□を子種の久のかをまきせー

順徳院

ももしきや
古き軒端の
しのぶにも
なをあまりある
むかしなりける

100

EMPERADOR RETIRADO JUNTOKU
(1197-1242)

momoshiki ya
furuki nokiba no
shinobu ni mo
nao amari aru
mukashi narikeri

¡palacio de cien muros,
aunque son numerosas
las hierbas que sofocan tus aleros,
aún son más numerosos
los recuerdos que evocan el antiguo esplendor!

(Miscelánea, Shokugosenshû)

Kakekotoba: *shinobu* ("hierbas" y "añorar", "aguantar"). *Momoshiki* es una *makurakotoba* del palacio imperial. El emperador Juntoku lamenta el declive de la casa imperial y de la rectitud del gobierno. También se interpreta este poema como el sentir de Teika respecto a la poesía del pasado.

BIOGRAFÍAS

1- EMPERADOR TENJI (626-671). Hijo del emperador Jomei y de la emperatriz Kôgyoku, que volvió a reinar con el nombre de Saimei, ocupó el trono imperial desde el año 668 hasta su muerte en el 671. Protagonizó la reforma *Taika* ("gran cambio"), siguiendo el modelo chino, y apoyó al clan de los Fujiwara, que habría de dominar durante siglos los hilos de la dinastía. Construyó su nuevo palacio cerca de la actual Otsû, junto al lago Biwa, así como un templo donde hoy se celebran los concursos de poesía relacionados con el *Hyakunin Isshu*.

2 · EMPERATRIZ JITÔ (645-702). Segunda hija del emperador Tenji, subió al trono tras la muerte de su esposo, el emperador Temmu, y reinó desde el 686 hasta el 697.

3 · KAKINOMOTO NO HITOMARO (finales del siglo VII-principios del siglo VIII). Poeta de corte, es uno de los autores principales del *Manyôshû*, donde figura, entre otros poemas suyos, la famosa elegía fúnebre por el príncipe Takeshi. Uno de los "treinta y seis genios poéticos" (*sanjurokkasen*) de la literatura clásica japonesa.

4 · YAMABE NO AKAHITO (primera mitad del siglo VIII). Famoso por la descripción de paisajes, acompañó al emperador Shômu en sus visitas a Yoshino, a Naniwa o a la provincia de Ki. Uno de los 36 "genios poéticos".

5 · SARUMARU DAYÛ (finales del siglo VIII-principios del siglo IX). Uno de los 36 "genios poéticos".

6 · OTOMO NO YAKAMOCHI (718-785). Se cree que fue el principal compilador del *Manyôshû*, pues a él pertenece la décima parte de los 4.516 poemas de la antología, entre ellos los que integran los cuatro últimos libros, que constituyen una especie de diario personal.

7 · ABE NO NAKAMARO (698-770). Viajó a China en el año 717 y allí conoció y trató a poetas tan destacados como Li Po y Wang Mojie. El emperador chino Xuanong, de la dinastía Tang, le nombró director de la Protección de los Tres Oficios (las Armas, los Arsenales y la Guardia del Palacio).

8 · MONJE KISEN (mitad del siglo IX). De él sólo sabemos que vivió en una ermita de la montaña de Uji.

9 · ONO NO KOMACHI (segunda mitad del siglo IX). Hija de Ono no Takamura (ver poema 11), pertenecía a una ilustre familia de letrados, poetas y calígrafos. Distinguida como uno de los "seis genios poéticos" (*rokkasen*) del *Kokinshû*, es una figura destacadísima de la literatura japonesa, pese a la brevedad de su obra. Gran dama de la corte, bajo el reinado de Montoku y Seiwa, fue célebre por su belleza y por su talento, pero se dice que acabó su vida tristemente, abandonada de todos y obligada a mendigar. La leyenda de su intensos amores y de su triste final fue recogida en varias obras de teatro *nôh*.

10 · SEMIMARU (segunda mitad del siglo IX). Vivió como eremita cerca de la "Colina del Encuentro", en las proximidades de Ausaka no Seki (Ôsaka). Hay otros datos legendarios, no confirmados, según los cuales era ciego, virtuoso del laúd e hijo del emperador Daigo.

11 · ONO NO TAKAMURA (802-852). Experto en literatura china, fue comisionado, junto a Fujiwara no Tsunetsugu, para visitar el Celeste Imperio, pero rehusó, fingiéndose

enfermo, y fue desterrado a la isla de Oki. Tras el indulto, llegó a ser consejero de tercer rango en la corte.

12 · MONJE HENJÔ (816-890). Su nombre laico era Yoshimine no Munesada y llegó a ser capitán de la Guardia Imperial, pero en el año 849, tras la súbita muerte del emperador Ninmei, se hizo monje. La historia de sus amores y de su conversión figura en los *Cuentos de Yamato*. Uno de los 36 "genios poéticos".

13 · EMPERADOR RETIRADO YÔZEI (868-949). Hijo del emperador Seiwa, reinó entre el 876 y el 884 y fue obligado a dimitir por su tío materno, el Gran canciller Fujiwara no Mototsune. Después, presidió, durante sesenta años, numerosos concursos de poesía, el último de ellos un año antes de su muerte.

14 · MINAMOTO NO TORÛ (822-895). Hijo del emperador Saga, fue ministro de la Derecha. Se ha querido ver en él uno de los modelos del príncipe Genji, protagonista del *Genji Monogatari*, de Murasaki Shikibu.

15 · EMPERADOR KÔKÔ (830-887). Tercer hijo del emperador Ninmei, reinó entre el 884 y el 887, bajo la protección de Fujiwara no Mototsune (ver n° 13).

16 · ARIWARA NO YUKIHIRA (818-893). Nieto del emperador Heijô y hermanastro de Narihira (ver n° 17), en el año 855 fue nombrado gobernador de la provincia de Inaba. Se dice que permaneció exiliado durante tres años en Suma, hecho que pudo inspirar uno de los pasajes del *Genji Monogatari*.

17 · ARIWARA NO NARIHIRA (825-880). Nieto del emperador Heijô, por su padre, y del emperador Kanmu, por su madre. Hombre galante y refinado, fue considerado como el héroe principal de los "Cuentos de Ise" (*Ise Monogatari*).

18 · FUJIWARA NO TOSHIYUKI (fallecido en el 907). Además de poeta, fue un notable calígrafo. En el año 897 fue nombrado capitán de la Guardia de la Derecha.

19 · ISE (hacia 877?-938). Llamada así porque su padre, Fujiwara no Tsugukage, ejerció el cargo de gobernador de la provincia de Ise. Fue dama de honor y favorita del emperador Uda y, después, de su hijo, el príncipe Atsuyoshi, con el que ella llegó a tener una hija, Kakatsukasa, que destacó también en la poesía.

20 · PRÍNCIPE MOTOYOSHI (890-943). Primogénito del emperador Yôzei (ver n° 13), aparece en muchos de los *Cuentos de Yamato*.

21 · MONJE SOSEI (finales del siglo IX-principios del siglo X). Hijo del monje Henjô (ver n° 12), se llamaba Yoshimine no Harutoshi. Fue distinguido, al igual que su padre, como uno de los 36 "genios poéticos", y alcanzó fama como gran calígrafo. Tras ejercer como oficial de la Guardia Imperial, se hizo monje, por instigación paterna.

22 · FUN'YA NO YASUHIDE (finales del siglo IX). Funcionario de provincias, en el año 879 ocupó un cargo modesto en el Palacio imperial. Uno de los 36 "genios poéticos".

23 · ÔE NO CHISATO (hacia 889-923). Oficial de rango modesto en la guardia imperial, vivió desterrado durante algún tiempo en la provincia de Iyo. En el año 894 dedicó al emperador Uda el *Kudai waka*, una antología de poemas japoneses sobre versos chinos.

24 · SUGAWARA NO MICHIZANE (845-903). Sirvió fielmente a los emperadores Uda y Daigo y en el año 899 fue nombrado ministro de la Derecha, aunque sufrió la enemistad del

poderoso Fujiwara no Tokihira. Conocido también con el seudónimo de *Kanke*, escribió numerosas obras en japonés y en chino, entre ellas un "nuevo" *Manyôshû*. Tras su muerte, en Dazaifu, a donde había sido desterrado, recibió en nombre póstumo de *Tenjin* ("dios celeste") y fue proclamado dios tutelar de las Letras.

25 · FUJIWARA NO SADAKATA (873-932). Figura en la antología como ministro de la Derecha de la Tercera Avenida.

26 · PRÍNCIPE TEISHIN (nombre póstumo de Fujiwara no Tadahira) (880-949). Sucedió a su hermano menor Tokihira como jefe del clan de los Fujiwara y llegó a ser Gran canciller y Gran ministro.

27 · FUJIWARA NO KANESUKE (877-933). Primo de Sadakata (ver nº 25), se relacionó con varios compiladores del *Kokinshû*, como Ki no Tsurayuki (n° 35) y Oshikôchi no Mitsune (n° 29). Uno de los 36 "genios poéticos".

28 · MINAMOTO NO MUNEYUKI (fallecido en el 939). Nieto del emperador Kôkô (ver n° 15) y uno de los 36 "genios poéticos".

29 · ÔSHIKÔCHI NO MITSUNE (fallecido hacia el 925). Fue uno de los compiladores del *Kokinshû* y el mejor representado en esa antología, tras Tsurayuki (ver n° 35).

30 · MIBU NO TADAMINE (nacido hacia el 850). Padre de Tadami (ver n° 41), contribuyó a elaborar el *Kokinshû*. Escribió también un tratado de poética. Uno de los 36 "genios poéticos".

31 · SAKANOUE NO KORENORI (principios del siglo X). Funcionario imperial, destacó sobre todo como campeón del juego de pelota conocido como *kemari*.

32 · HARUMICHI NO TSURAKI (fallecido en el 920). Poco antes de su muerte, fue nombrado gobernador de Oki, pero no tuvo tiempo de ocupar el cargo.

33 · KI NO TOMONORI (fallecido hacia el 907). Primo de Tsurayuki (ver n° 35), participó con él en la compilación del *Kokinshû* y murió poco después de acabada la antología. Tsurayuki le dedicó una elegía que figura en el libro XVI, 838. Uno de los 36 "genios poéticos".

34 · FUJIWARA NO OKIKAZE (principios del siglo X). Virtuoso del *koto* (instrumento japonés de cuerda), participó en numerosos concursos de poesía. Uno de los 36 "genios poéticos".

35 · KI NO TSURAYUKI (hacia 866-945) Principal compilador y autor del *Kokinshû*, escribió en japonés el famoso prefacio de esa antología. En el año 930 había sido nombrado gobernador de la provincia de Tosa, en Shikoku, donde compiló el *Shinsen waka*. Escribió también el *Tosa Nikki* (Diario de Tosa). Fue considerado como el mejor poeta de su tiempo. Uno de los 36 "genios poéticos".

36 · KIYOWARA NO FUKAYABU (principios del siglo X). Descendiente del príncipe Toneri, el fundador de Nara; abuelo de Motosuke (ver n° 42) y bisabuelo de Sei Shônagon (n° 62). Uno de los 36 "genios poéticos".

37 · FUN'YA NO ASAYASU (finales del siglo IX-principios del siglo X). Hijo de Yasuhide (ver n° 22) y modesto funcionario, participó en numerosos concursos poéticos.

38 · UKON (mitad del siglo X). Hija o hermana pequeña de Suenawa, capitán de la Guardia de la Derecha, y dama de honor de la esposa del emperador Daigo. Los *Cuentos de*

Yamato evocan sus amores con numerosos dignatarios del clan Fujiwara.

39 · MINAMOTO NO HITOSHI (880-951). Biznieto del emperador Saga, gobernó varias provincias importantes y fue nombrado consejero de cuarto rango en el año 947.

40 · TAIRA NO KANEMORI (fallecido en el 990). Descendiente del emperador Kôkô (ver nº 15), llegó a ser gobernador de Suruga. Uno de los 36 "genios poéticos".

41 · MIBU NO TADAMI (mitad del siglo X). Hijo de Tadamine (ver nº 30), fue nombrado, en el año 958, Gran inspector de la provincia de Settsu. Uno de los 36 "genios poéticos".

42 · KIYOWARA NO MOTOSUKE (908-990). Nieto de Fukayabu (ver nº 36) y padre de Sei Shôhagon (nº 62), fue gobernador de Higo. En el año 951 fue destinado a la Oficina de la Poesía, participando en la compilación del *Gosenshû* y en la transcripción del *Manyôshû*. Uno de los 36 "genios poéticos".

43 · FUJIWARA NO ATSUTADA (906-943). Tercer hijo de Tokihira. Músico y hombre galante, fue célebre por sus aventuras amorosas, que se recogen en numerosos textos, entre ellos los *Cuentos de Yamato*. Uno de los 36 "genios poéticos".

44 · FUJIWARA NO ASATADA (910-966). Quinto hijo de Sadakata (ver nº 25). Uno de los 36 "genios poéticos".

45 · PRÍNCIPE KENTOKU (nombre póstumo de Fujiwara no Koretada) (924-972). Regente y Gran ministro de la Primera Avenida. En el año 951 fue nombrado director de la Oficina de la Poesía, dirigiendo la compilación del *Gosenshû*.

46 · SONE NO YOSHITADA (mediados del siglo X). Poco apreciado en su tiempo, fue reconocido, a partir del siglo XII, como un poeta innovador, siendo incluido en las antologías posteriores al *Shûishû*.

47 · MONJE EGYÔ (finales del siglo X). Fue muy apreciado por los mejores poetas de su tiempo.

48 · MINAMOTO NO SHIGEYUKI (fallecido hacia el 1000). Biznieto del emperador Seiwa, fue gobernador de Sagami y acompañó a Fujiwara no Sanetaka (ver n° 51) en el gobierno de Mutsu. Uno de los 36 "genios poéticos".

49 · ÔNAKATOMI NO YOSHINOBU (921-991). Alto funcionario del departamento de Asuntos Religiosos y miembro de la Oficina de la Poesía desde el año 951, participó en la transcripción del *Manyôshû* y en la compilación del *Gosenshû*. Uno de los 36 "genios poéticos".

50 · FUJIWARA NO YOSHITAKA (954-974). Hijo de Koretada (ver n° 45) y capitán de la Guardia de la Derecha, murió de varicela a los veinte años, el mismo día que su hermano gemelo Takakata.

51 · FUJIWARA NO SANEKATA (fallecido en el 998). Biznieto del Príncipe Teishin (ver n° 26), fue comandante de la Guardia de la Derecha y gobernador de la provincia de Mutsu. Se dice que fue amante de Sei Shônagon.

52 · FUJIWARA NO MICHINOBU (972-994). Gran ministro, fue adoptado por Fujiwara no Kaneie. Con sólo veintidós años, llegó a ser comandante de la Guardia Imperial, pero murió prematuramente dos años más tarde.

53 · MADRE DE MICHITSUNA (937? -995). Esposa secundaria del regente y Gran ministro Fujiwara no Kaneie, escri-

bió una de las obras maestras del siglo X, el *Kagero Nikki* o "Diario de la efímera". Su hijo Michitsuna fue general de la Derecha.

54 · MADRE DE KORECHIKA (fallecida en el 996). Esposa del Gran canciller Michitaka, fue madre de la emperatriz Teishi y del ministro honorario Korechika.

55 · FUJIWARA NO KINTÔ (966-1041). Hijo del gran ministro Yoritada, llegó a ser Gran consejero, pero, al morir su hija, se hizo monje y se retiró a un valle de las montañas del norte de Kioto. Destacó como poeta y como crítico. Fue él quien estableció la lista de los 36 "genios de la poesía" o *sanjurokkasen*, y recopiló numerosos poemas en japonés y en chino.

56 · IZUMI SHIKIBU (fallecida hacia el 978). Hija de Ôe no Masamune, gobernador de Echizen; esposa de Tachibana no Michisada, gobernador de Izumi; madre de Koshikibu (ver n° 60); amada de los príncipes Tametaka y Atsumichi, y dama de honor de la emperatriz Shôshi, como Murasaki Shikibu (n° 57). Está considerada como la mejor poeta de la época Heian. En su Diario cuenta sus amores con el príncipe Atsumichi.

57 · MURASAKI SHIKIBU (hacia 973-1019). Nieta de Kanesuke (ver n° 27) e hija de Tametoki, que escribió poemas en chino clásico, se casó con Fujiwara no Nobutaka, que murió muy pronto, dejándola una hija, Daini no Sanmi (ver n° 58), que se dedicó también a las letras. Murasaki Shikibu, una de las más grandes escritoras que ha dado Japón, es la autora del *Genji Monogatari* ("Historia del príncipe Genji"), obra maestra de la literatura japonesa y universal que muchos comparan, por su calidad, sensibilidad y penetración psicológica, con la obra de Marcel Proust "A la búsqueda del tiempo perdido". Fue dama de compañía de la emperatriz Shôshi, a la que siguió más tarde en su retiro, y escribió un

breve diario, en el que narra, con gran viveza, la vida cotidiana de la corte y sus propios sentimientos.

58 · DAINI NO SANMI (principios del siglo XI). Hija de Murasaki Shikibu (ver n° 57) fue nodriza del emperador Goreizei. Se le atribuye la última parte del *Genji Monogatari*.

59 · AKAZOME EMON (principios del siglo XI). Dama de honor de la emperatriz Shôshi, en la misma época en que lo fueron Izumi (ver n° 56) y Murasaki Shikibu (n° 57), escribió, al menos en parte, el *E'ga Monogatari*.

60 · KOSHIKIBU (1000?-1025). Hija de Tachibana no Michisada y de Izumi Shikibu (ver n° 56), fue, como su madre, dama de honor de la emperatriz Shôshi, y tuvo un hijo con el Gran canciller Norimichi.

61 · ISE NO TAYÛ (principios del siglo XI). Nieta de Ônakatomi no Yoshinobu (ver n° 49), fue también dama de honor de la emperatriz Shôshi.

62 · SEI SHÔNAGON (966?-1027?). Hija de Kiyowara no Motosuke (ver n° 42) y dama de honor de la emperatriz Teishi, escribió el *Makura no Sôshi* o "Libro de la almohada", el diario más famoso y original de la época Heian, prodigio de refinamiento, sutileza e ironía.

63 · FUJIWARA NO MICHIMASA (993-1054). Hijo del ministro Korechika, mantuvo una relación amorosa con la princesa Tôshi, antigua sacerdotisa de Ise, hecho que desató, en 1016, las iras del emperador Sanjô, quien obligó al poeta a llevar una vida retirada.

64 · FUJIWARA NO SADAYORI (995-1045). Hijo primogénito de Kintô (ver n° 55) y nieto de Murakami por vía materna,

fue director de Asuntos Militares y consejero Medio. Notable poeta y calígrafo, es el destinatario del poema de Koshikibu (ver n° 60).

65 · SAGAMI (mediados del siglo XI). Se cree que era hija de Minamoto no Yorimitsu y se casó con Ôe no Kinyori, que había sido gobernador de Sagami (de ahí el nombre de la escritora). Participó en numerosos concursos de poesía.

66 ABAD MAYOR GYÔSON (1055-1135). Hijo de Minamoto no Motohira, ingresó en 1066 en el monasterio Onjôji de Ôtsu, y, tras varios años de vida errante como *yamabushi*, fue nombrado, en 1123, Superior General o *zasu* del Monte Hiei, la más alta prelatura de la secta Tendai, y Gran limosnero de los emperadores Shirakawa y Toba.

67 SUÔ (finales del siglo XI-principios del siglo XII). Hija de Taira no Munenaka, gobernador de Suô (de ahí el nombre de ella), perteneció al Servicio Interior bajo el reinado de cuatro emperadores, desde Goreizei hasta Horikawa. En 1108, poco antes de su muerte, se retiró a un monasterio.

68 EMPERADOR RETIRADO SANJÔ (976-1017). Hijo del emperador Reizei y nieto, por su madre de Fujiwara no Kaneie, fue nombrado príncipe heredero en el año 986, y reinó entre 1012 y 1016.

69 · MONJE NÔIN (nacido hacia el 988). Su nombre laico era Tachibana no Nagayasu. Estudió la lengua y la literatura chinas y, a los veintiséis años, se hizo monje errante, estableciéndose, más tarde, en Kosobe, en la provincia de Settsu.

70 MONJE RYÔZEN (mediados del siglo XI). Perteneció a la secta Tendai y fue abad del monasterio de Gion. Después vivió como ermitaño en Ohara y acabó sus días en Urin-in

.71 · MINAMOTO NO TSUNENOBU (1016-1097). Poeta y músico de prestigio, a los veinticuatro años fue enviado a las lejanas provincias de Kyûshû en calidad de gobernador.

72 · KII (mediados del siglo XI). Dama de honor de la emperatriz Genshi, esposa del emperador Gosuzaku, y, después, de la hija mayor del emperador, la princesa Yûshi.

73 · ÔE NO MASAFUSA (1041-1111). Favorito del emperador Shirakawa, acabó siendo director del Tesoro. Escribió numerosos poemas, tanto en chino como en japonés.

74 · MINAMOTO NO TOSHIYORI (1055-1129). Hijo de Tsunenobu (ver n° 71), fue el poeta más valorado en el entorno del emperador Horikawa. Compilador del *Kinyôshû*, escribió un importante tratado poético, el *Toshiyori zuinô*, y polemizó con Mototoshi (n° 75), defendiendo un "nuevo estilo" de poesía.

75 · FUJIWARA NO MOTOTOSHI (1060-1142). Hijo del ministro Toshiie, al final de su vida se hizo monje y adoptó el nombre de Kakushun. Fue árbitro en numerosos concursos de poesía y defendió el "viejo estilo" frente a Toshiyori (ver n° 74).

76 · FUJIWARA NO TADAMICHI (1097-1164). Poeta notable, tanto en chino como en japonés, fue hijo del Gran canciller Tadazane y hermano mayor de Yorinaga, con quien comparte el protagonismo en numerosas historias de los "Dichos de Hôgen" (1156). Destinatario del poema de Mototoshi (n° 75). Monje del templo Hosshôji, antiguo Gran Canciller y Gran Ministro.

77 · EMPERADOR RETIRADO SUTOKU (1119-1164). Sucedió a su padre, el emperador Toba, aunque éste le obligó después a ceder el trono a su hermano menor Konoe. Al morir

éste, a los 17 años, encabezó, junto al ministro de la Izquierda Yorinaga, la rebelión de la era Hôgen (1156), pero fue vencido y desterrado a Sanuki, en la isla de Shikoku. Cuando aún ostentaba el poder, mandó redactar la antología del *Shikashû*.

78 · MINAMOTO NO KANEMASA (principios del siglo XII). Perteneció al grupo de poetas que brillaron en la corte del emperador Horikawa.

79 · FUJIWARA NO AKISUKE (1090-1155). Padre de Kiyosuke (ver n° 84). En 1144, el emperador Sutoku le ordenó compilar el *Shikashû*, que fue terminado siete años más tarde.

80 · TAIKEN MON-IN NO HORIKAWA (principios del siglo XII). Dama de honor de la princesa sacerdotisa de Ise, hija del emperador Shirakawa, y, después, de la emperatriz Taikenmon, esposa del emperador Toba, a la que siguió, en 1143, cuando éste se retiró a un monasterio.

81-FUJIWARA NO SANESADA (1139-1191). Sobrino de Toshinari (ver n° 83) y primo de Teika (n° 97), fue poeta y músico. En 1189, tras la derrota del clan Heike, fue nombrado ministro de la Izquierda. Dos años después, cayó enfermo y se retiró a un monasterio.

82 · MONJE DÔIN (1090-1182?). Su nombre laico era Fujiwara no Atsuyori. Lugarteniente de las Caballerizas de la Izquierda, se hizo monje en 1172.

83 · FUJIWARA NO SHUNZEI (1114-1204). Padre de Teika (ver n° 97) y protegido del emperador Toba, siguió la estética del "nuevo estilo" propugnada por Toshiyori (n° 74), presidió numerosos concursos de poesía y fue el compilador del *Senzaishû*.

84 · FUJIWARA NO KIYOSUKE (1104-1177). Hijo de Akisuke (ver n° 79), escribió dos de los mejores tratados de poética: el *Ôgishô*, o "Libro de los Arcanos", y el *Fukuro Sôshi*. El emperador Nijô le encargó una continuación de la antología del *Shikashû*, pero el soberano murió antes de que la obra fuera completada, y por eso no figura entre las antologías imperiales.

85 · MONJE SHUN'E (1113-1190?). Hijo de Minamoto no Toshiyori (ver n° 74), fue maestro de Kamo no Chômei, autor del *Hôjôki* ("Un relato desde mi choza").

86 · MONJE SAIGYÔ (1118-1190). Su nombre laico era Satô Norikiyo, y llegó a ser Oficial de la Guardia de la Izquierda. En 1140 se hizo monje, adoptando el nombre de En-i. Incansable viajero y poeta extraordinario, admirado por Bashô, cantó la luna y las flores, y escribió obras tan importantes como el *Sankashû*.

87 · MONJE JAKUREN (1139?-1202). Sobrino e hijo adoptivo de Toshinari (ver n° 83), se llamaba Fujiwara no Sadanaga. En 1172 se hizo monje. En 1201 fue nombrado miembro de la Oficina de la Poesía. Participó en la redacción del *Shinkokinshû*, pero murió antes de ver terminada la obra.

88 · BETTÔ (finales del siglo XII). Dama de honor de la emperatriz Kôkamon, esposa del emperador Sutoku (ver n° 77).

89 · PRINCESA SHOKUSHI (fallecida en 1201). Hija del emperador Goshirakawa y sacerdotisa de Kamo entre 1159 y 1169, fue alumna de Toshinari (ver n° 83), que le dedicó su tratado de poética *Koraifûtaishô*. Una obra del teatro *nôh*, titulada *Teika*, narra la supuesta relación amorosa que mantuvo con el poeta de ese nombre. En 1195 abrazó la vida monástica.

90 · INPU MON-IN NO TAYÛ (1131? -1200?). Dama de honor de la princesa Ryôshi, hija del emperador Goshirakawa. Participó en numerosos concursos de poesía y fue muy admirada por Teika.

91 · FUJIWARA NO YOSHITSUNE (1169-1206). Hijo del Gran canciller Kanezane y sobrino de Jien (ver n° 95), fue ministro de la Izquierda en 1199, regente en 1200 y Gran ministro en 1204. Miembro de la Oficina de Poesía, participó en la compilación del *Shinkokinshû* y redactó el prefacio de esa antología.

92 · NIJÔ IN NO SANUKI (1141?-1217?). Hija de Minamoto no Yorimasa, fue dama de honor de la esposa del emperador Gotoba. El padre de Sanuki es uno de los protagonistas del *Heike Monogatari*.

93 · MINAMOTO NO SANETOMO (1192-1219). Tercer *shôgun* de Kamakura y discípulo predilecto de Teika, fue considerado como el mejor poeta de su tiempo, después de Saigyô.

94 · FUJIWARA NO MASATSUNE (1170-1221). Miembro de la Oficina de la Poesía y admirado por el emperador Gotoba, participó en la compilación del *Shinkokinshû*.

95 · ABAD MAYOR JIEN (1155-1225). Hijo del Gran consejero Fujiwara no Tadamichi (ver n° 76); hermano de Kanezane y tío de Yoshitsune (ver n° 91), se hizo monje en 1165, desempeñó el cargo de Gran limosnero del emperador Gotoba y, en 1192, fue nombrado superior general de la secta Tendai. Perteneció a la Oficina de la Poesía. En su obra *Gukanshô* trata de buscar un sentido a la historia desde la perspectiva budista.

96-FUJIWARA NO KINTSUNE (1171-1244). Cuñado de Teika y Gran ministro, fue uno de los mejores poetas de su tiempo. En 1231 se hizo monje.

97 · FUJIWARA NO TEIKA (1162-1241). Hijo de Shunzei (ver n° 83) y autor de esta antología del *Hyakunin Isshu*, destacó extraordinariamente como poeta y como crítico. Sus teorías literarias han tenido una gran influencia hasta hoy mismo, especialmente los conceptos de *yoen* ("belleza sutil") y *ushin* ("convicción de sentimiento" o "sensibilidad"). En 1232 fue encargado de compilar el *Shinchokusenshû*, antología que fue concluida en 1235, el mismo año que el *Hyakunin Isshu*.

98 · FUJIWARA NO IETAKA (1158-1237). Director de los Asuntos de Palacio y amigo íntimo del emperador Gotoba, fue uno de los compiladores del *Shinkokinshû*.

99 · EMPERADOR RETIRADO GOTOBA (1180-1239). Hijo del emperador Takakura, sucedió en el trono a su hermano menor, el emperador Antoku, y reinó entre 1184 y 1198, año en el que abdicó. En 1221 trató de volver al trono, pero fue derrotado y desterrado a la isla de Oki, donde murió. Enamorado de la poesía, participó personalmente en la elaboración del *Shinkokinshû* e impulsó la moda de escribir *renga* (poemas encadenados).

100 · EMPERADOR RETIRADO JUNTOKU (1197-1242). Hijo y heredero del emperador Gotoba, reinó entre 1211 y 1221, año en que tomó parte en la rebelión de su padre. Tras las derrota fue desterrado a la isla de Sado, donde vivió hasta su muerte. Escribió, entre otras obras, el *Yakumo mishô*, donde aborda los valores del *renga*.

BIBLIOGRAFÍA

- ÁLVAREZ CRESPO, J. C. (trad.), *Hoojooki (Un relato desde mi choza)*, de Kamo no Choomei, Madrid: Hiperión, 1998.
- ANESAKI, M., *Mitología Japonesa*, Barcelona: Edicomunicación, 1996. [1ª ed. 1924].
- DE BARY, W. THEODORE (ed.), *Sources of Japanese Tradition*, New York: Columbia University Press, 1958.
- DE BARY, W. THEODORE (ed.), *The Manyôshû. The Nippon Gakujutsu Shinkôkai Translation of One Thousand Poems*, New York: Columbia University Press, 1965.
- BOWRING, RICHARD (trad.), *The Diary of Lady Murasaki*, London: Penguin, 1996.
- CABEZAS, ANTONIO (trad.), *Manioshu*, Madrid: Hiperión, 1980.
- CABEZAS, ANTONIO (trad.), *Cantares de Ise (Ise Monogatari)*, Madrid: Hiperión, 1988.
- CARTER, STEVEN D., *Traditional Japanese Poetry. An Anthology*, Stanford, CA: Stanford University Press, 1991.
- CRAIG MCCULLOUGH, HELEN (trad.), *Kokin Wakashû: The First Imperial Anthology of Japanese Poetry*, Stanford, CA: Stanford University Press, 1985.
- EZAKI, JOSEFINA K., *100 Poesías Japonesas*, Tokyo: Sociedad Hispánica del Japón, Casa de España, 1990.
- GUTIÉRREZ, FERNANDO (trad.), *Genji Monogatari (Romance de Genji)*, de Murasaki Shikibu, Palma de Mallorca: José de Olañeta Ed., 1992. [1ª ed. Barcelona: Ed Juventud, 1941].

· HIRSHFIELD, J. Y ARATANI, M. (trads.), *The Ink Dark Moon: love poems by Ono no Komachi and Izumi Shikibu: Women of the Ancient Court of Japan*, New York: Vintage Books, 1990.

· HISAMATSU, SEN'ICHI, *Biographical Dictionary of Japanese Literature*, Tokyo: I.S.E.I-Kodansha, 1976.

· HISAMATSU, SEN'ICHI, *The Vocabulary of Japanese Literary Aesthetics*, Tokyo: Kyodo Obun Center Co. Ltd., 1978.

· HONDA, H. (trad.), *The Ogura Hyakunin isshu*, Tokyo: Hokuseido Press, 1956.

· KEENE, DONALD, *Anthology of Japanese Literature*, New Yersey: Princeton University Press, 1956.

· KEENE, DONALD, *La Literatura Japonesa entre Oriente y Occidente*, México: Colegio de México, 1969.

· KONISHI, JIN'ICHI, *A History of Japanese Literature. Vol. II- The Early Middle Ages*, New Jersey, Princeton University Press, 1986.

· MATSUDA, NANSÔ, *Ogura Hyakunin isshu*, Shizuoka: Fuji Kyôku Shuppansha, 1995.

· MORRIS, IVAN, *The World of The Shining Prince. Court Life in Ancient Japan*, London: Penguin, 1964.

· MORRIS, IVAN (trad.), *The Pillow Book of Sei Shônagon*, London: Penguin (1st ed.), 1997.

· MOSTOW, JOSHUA S., *Pictures of The Heart. Hyakunin isshu in Word and Image*, Honolulu: University of Hawai'i Press, 1996.

· ORIORI NO UTA. *Poems for all seasons (An Anthology of Japanese Poetry from Ancient Times to the Present)*, Tokyo: Kodansha International, 2002.

· ÔOKA, MAKOTO, *The Poetry and Poetics of Ancient Japan*, Honolulu: Katydid Books, University of Hawai'i Press, 1997.

- PORTER, WILLIAM N., *A Hundred Verses from Old Japan. Being a Translation of the Hyaku-nin-isshu*, Tokyo: Charles E. Tuttle Co. Inc., 1997.
- RASPLÍCA, L. y HENKEÍUS, M. CATHERINE, *Kokinshû. A Collection of Poems Ancient and Modern*, Boston, MA: Cheng and Tsui Company, 1996.
- RENONDEAU, G. (ed.): *Anthologie de la poésie japonaise classique*, Paris: UNESCO-Gallimard, 1971.
- REXROTH, KENNETH (trad.), *One Hundred more Poems from the Japanese*, New York: New Directions, 1976.
- SAGIYAMA IKUKO (ed.), *Kokin Waka shû. Racolta di poesia giapponesi antiche e moderne*, Milano: Edizioni Ariele (seconza edizione), 2002.
- SATO, AMALIA (trad.), *El Libro de la Almohada, de Sei Shônagon*, Buenos Aires: Adriana Hidalgo Ed., 2001.
- SEIDENSTICKER, EDWARD (trad.), *Kagero Nikki*, Tokyo: Tuttle, 1997 (1st ed. 1964).
- SIEFERT, RENÉ (trad.), *De Cent Poétes un Poéme, Hyakunin isshu*, Paris: Publications Orientalistes de France, 1993.
- SHIVELY, D. H. & MCCULLOUGH, W. H. (eds.), *The Cambridge History of Japan, Vol. II Heian Japan*, Cambridge: University Press, 1999.
- SUZUKI H, YAMAGUCHI S, YODA Y. (eds.), *Genshoku Ogura Hyakunin isshu*, Tokyo: Buneido Ed., 1997.
- TANABE, MASAKO, *Karaasôran Hyakunin Isshu*, Tokyo: Gakken Mook Ed., 2002.
- TORRES I GRAELL, ALBERT, *Kanji, La escritura japonesa*, Madrid: Hiperión, 1993.
- UEDA, MAKOTO, *Literary and Art Theories in Japan*, Ann Harbor, MI: The University of Michigan Press, 1991, (1st ed. 1967).

ÍNDICE

	Página
INTRODUCCIÓN	7
CIEN POETAS, CIEN POEMAS *HYAKUNIN ISSHU*	33
BIOGRAFÍAS	235
BIBLIOGRAFÍA	253

La primera edición española, bilingüe e ilustrada, de la antología de poesía clásica japonesa CIEN POETAS, CIEN POEMAS —*HYAKUNIN ISSHU*— con traducción, introducción y notas de José María Bermejo y Teresa Herrero, ha sido escaneada, compuesta, maquetada, correegida y revisada en Ediciones Hiperión durante el curso 2003/2004, y finalmente impresa y encuadernada durante el verano del año 2004, en la Comunidad Autónoma de Madrid, por cuenta de la misma editorial.

HABENT SUA FATA LIBELLI